1일
1단어
1분으로 끝내는
지구공부

1일

1단어

1분 으로 끝내는

지구공부

마틴 레드펀 지음
이진선 옮김

글담출판

"만약 우리가 지구의 살아 있음을
제대로 이해한다면
세상을 좀 더 상냥하게 대할 수 있을까요?"

우리가 거주하는 지구는 아름다운 행성입니다. 지구의 아름다움에 감탄하고 장엄함에 경외를 표하거나 지구가 선사한 선물에 감사할 시간을 가질 수 있는 사람이라면 운이 좋은 편일 것입니다. 삶이 바쁘다는 이유로 지구 표면을 잰걸음으로 달리다 보면 우리는 중요한 두 가지 차원, 바로 깊이와 시간을 잊곤 합니다. 저는 여러분이 이 책을 통해 잊고 있던 두 차원을 떠올리게 되기를 바랍니다.

잠시 우리 발아래 무엇이 있는지에 대해 생각해 봅시다. 여기서 발아래란, 우리에게 익숙한 지표면의 돌과 흙이 아니라 아주 깊은 땅속을 말합니다. 지금 우리가 서있는 위치에서 사람들이 매일 움직이는 거리만큼만 태양의 중심을 향해 이동하면 지금껏 누구도 접근하지 못했으며 감히 상상조차 하기 어려운 온도와 압력 조건을 가진 장소가 나타납니다. 비행으로 대서양을 횡단할 수 있는 정도의 거리를 채 이동하기도 전에 녹은 금속이 작열하는 세상에 도달할 것입니다.

위에서 한참을 걸어도 꼼짝하지 않는 콘크리트 덩어리와 달리 지구는 고정되어 있지 않습니다. 지구는 역동적으로 활동하는 살아 있는 행성입니다. 대륙이 이동하고, 화산이 폭발하고, 방대하고 거대한 맨틀이 천천히 뒤섞이며 단단한 암석을 움직입니다. 지표면 아래에 있는 암석들 역시 위에서 벌어지는 사건에 영향을 받습니다.

물과 공기, 생명은 지질과 지속적으로 역동적인 상호작용을 맺습니다. 또한 바다가 없었다면 대륙은 존재하지 않았을 것이고, 생명체가 없었다면 우리는 대기와 기후 속에 살아갈 수 없었을 것입니다. 이렇게 우리 지구의 자연 순환은 수십억 년 동안 생명을 지탱해왔습니다.

우리 행성에서 발생하는 현상들을 이해하기 위해 생각해야 할 또 하나의 차원은 바로 시간입니다. 여기서 시간은 점심시간이나 한 사람의 수명 정도가 아니라 '지질학적 시간deep time'을 뜻합니다. 수천만 년에서 수억 년 수준의 시간을 이해하기 위해서는 사고방식에 급진적인 변화가 필요하지만 우리의 고향 지구에 대해 이해하기 위해서는 반드시 거쳐야 할 과정입니다. 사고방식을 바꾸고 나면 지질학적 시간 동안 이어진 일상적인 현상들이 산맥을 세웠다 파괴하고 바다를 만들고 대륙을 나눌 수 있다는 사실을 이해하게 될 것입니다.

지질학적 시간은 새로운 종을 탄생시키거나 그 종을 멸종시킬 수 있습니다. 인간은 지질학적 시간을 표시한 시계가 겨우 한 번 똑딱 거릴 시간 정도만 지구상에 존재했습니다. 그럼에도 지금 우리는 온갖 위험을 무릅쓰고 지구의 상호작용을 방해하고 있습니다. 이미 형체를 알아볼 수 없을 정도로 우리의 아름다운 행성을 변화시켰습니다. 만약 우리가 지구의 살아 있음을, 그 역동성을 제대로 이해한다면 세상을 좀 더 상냥하게 대할 수 있을까요? 인간이 지구를 이용하는 게 아니라 지구가 인간의 삶을 지탱해주고 있다는 사실을 인정할 때 비로소 지구와 인간은 함께할 수 있을 것입니다. 그렇지 않다면, 지구는 다시 한번 대멸종을 선택할지도 모릅니다. 이 책이 이해와 공존의 길로 가는 첫걸음이 될 수 있기를 기대합니다.

차 례

2장 지구의 내부

3장 지구의 표면

4장 살아 있는 지구

5장 지구의 미래

1장

지구의 기원

탄생

응축하는 힘 때문에 지구가 생겨났다고?

우리는 모두 우주먼지로 이루어져 있습니다. 137억 년 전 대폭발(빅뱅big bang)로 최초의 수소와 헬륨이 만들어졌고, 수세대에 걸쳐 별들의 핵용광로가 이것을 요리해 생명체를 위한 탄소, 산소, 질소, 그리고 우리 행성을 구성하는 규소, 알루미늄, 마그네슘, 철과 나머지 원소들을 만들어냈습니다.

별먼지의 추억

별은 생애 마지막 무렵에 바깥층을 벗습니다. 더 이상 스스로의 무게를 버틸 수 없게 된 거대한 별은 붕괴를 시작하고 엄청난 분자와 먼지구름 형태로 별의 유해를 흩뿌리는 초신성 폭발을 일으킵니다. 우리 태양계는 바로 이 구름에서 탄생했습니다. 우리 몸의 모든 분자 안에는 별이 요리한 원소들이 들어 있으며 우리가 손가락에 끼는 반지의 금 원자들 역시 모두 초신성 폭발로 탄생했습니다.

오래된 운석의 단수명 방사성동위원소 붕괴 생성물을 살펴보면 운석의 원소가

46억 년 전
초신성 폭발 추정 시기, 태양계 성운 수축 시작

45억 6,700만 년 전
태양계 최초의 고체인 운석 속 콘드룰의 연대

45억 4천만 년 전
원시 지구가 용융을 시작하고 핵을 분리할 수 있는 크기에 도달함

45억 2,700만 년 전
달 형성

태양계가 만들어지기 불과 얼마 전에 가까운 곳에서 발생한 초신성 폭발에서 유래했음을 알 수 있습니다. 그러니 사실상 태양계 성운의 초기 붕괴를 일으킨 원인은 바로 이 폭발이었을 것입니다.

초신성 폭발

하나로 뭉치기

태양이 형성될 중심부로 가스와 먼지가 끌려 들어갈 때쯤 성운의 부드럽게 회전하는 힘으로 인해 우주 물질들은 원반처럼 납작해집니다. 이 가설은 오랫동안 이론이었을 뿐이지만, 이제는 고성능 망원경으로 다른 별의 탄생 과정에서 실제로 이러한 현상이 일어나는 것을 확인할 수 있습니다.

우리 태양계의 행성들은 작은 알갱이들이 서로 부딪치면서 하나로 모여 있는 응축凝縮, accretion(한데 엉겨 굳어서 줄어듦) 과정을 통해 만들어졌다는 것이 일반적인 이론입니다. 그러나 이 과정 중에서 가장 이해하기 어려운 부분은 덩어리를 서로 잡아당기는 중력이 거의 없고 충돌로 인해 덩어리들이 다시 산산조각 나는 경향성이 있던 초기 단계입니다. 이는 알갱이의 집합체가 운동성이 있는 액체처럼 행동해서 서로를 붙들고 이따금 무리 밖으로 '튀어 나올' 정도의 에너지를 얻어야만 가능합니다. 이때

44억 2천만 년 전
아폴로 달착륙선의 가장 오래된 광물 알갱이 표본의 연대

44억 4백만 년 전
초신성 폭발 추정 시기, 태양계 성운 수축 시작

42억 8천만 년 전
캐나다 허드슨만의 심해 열수구에서 나온 것으로 추정되는 지구에서 가장 오래된 암석

38억 5천만 년 전
그린란드의 가장 오래된 퇴적물

만약 알갱이의 상대속도가 충분히 느렸다면 서로 달라붙을 수 있습니다. 일단 덩어리의 지름이 몇 미터에 이를 정도로 커진 후에는 중력이 힘을 얻어 더 많은 물질들을 서로 끌어당겼을 것입니다.

별의 핵

커진 중력 에너지와 방사성 붕괴의 열기, 붕괴의 여파로 방출된 에너지는 철과 니켈 같은 가장 무거운 원소들을 녹이고 가라앉혀 드디어 별의 핵을 형성합니다. 이때 별은 거의 구형이고 지름이 수십에서 수백 킬로미터에 이르게 됩니다. 또한 남은 먼지와 좀 더 큰 조각들을 계속해서 끌어당겨 여러 개의 원시행성을 형성합니다. 원시행성 간의 충돌은 흔하지 않지만 매우 격렬하게 발생할 수 있습니다.

태양에서 불어온 바람

태양이 만들어지는 데는 고작 10,000년 정도밖에 걸리지 않았습니다. 이때는 충분한 물질이 밀집해 태양이 핵융합을 시작하고 스스로 빛을 내는 데 적절한 온도에 도달한 시점으로, 그 결과 젊은 태양계에는 입자가 담긴 강력한 태양풍이 불었습니다. 태양풍은 저항성이 강한 암석을 제외하고 수소와 헬륨으로 이루어진 지구의 원시 대기를 모두 밀어냈을 것입니다. 멀리 퍼진 가스들은 대부분 한데 모여 거대한 기체행성인 목성과 토성을 형성했습니다. 메탄 같은 휘발성 물질과 물은 훨씬 먼 곳에서 응결되어 태양계 외곽에 명왕성과 같은 왜소행성과 얼음 위성, 카이퍼 띠Kuiper belt 물질, 혜성을 비롯한 얼음 천체들을 만들었습니다.

젊은 지구

젊은 지구는 계속해서 성장했습니다. 이때쯤 지구 내부는 대부분 융해融解, molten(고체에 열을 가했을 때 액체로 되는 현상)되어 원시 규산염 맨틀이 철로 구성된 핵을 둘러싼 형태웠을 것입니다. 지구가 현재 질량의 약 40퍼센트로 성장한 후로는 중력으로 대기를 유지할 수 있었고, 핵에서 형성된 자기장은 태양 입자의 방향을 바꾸어 지구를 보호해주었습니다. 최초의 대기는 주로 질소와 이산화탄소, 수증기로 구성되어 있었을 것입니다.

점차 젊은 지구가 식으면서 지표면에는 물이 생성되기 시작했습니다. 수증기 중 일부는 행성 자체에서 화산 가스를 통해 만들어졌지만, 대부분은 유성과 소행성의 암석 물질과 함께 얼음 혜성에 담겨 지구로 떨어졌을 것입니다. 지금도 이러한 응축 과정은 좀 더 작은 규모이기는 해도 계속해서 일어나고 있습니다. 맑은 날 깜깜한 밤하늘에서 보이는 별똥별처럼 말이지요. 이 유성들은 대기권에서 불타고 남은 고체 물질의 작은 조각이지만 결국 지구에 떨어집니다. 하나하나는 모래 알갱이보다도 작거나 거의 쌀알만 하지만, 모두 합쳐 매년 40,000~70,000톤에 이르는 유성이 우리 지구를 탄생하게 했던 응축 과정을 지속하고 있는 것입니다.

별의 연금술

별은 핵용광로입니다. 수소폭탄처럼 우주에서 가장 풍부한 원소인 수소와 헬륨을 더 무거운 원소로 변환하고, 이 과정에서 방출하는 에너지 때문에 스스로 빛을 냅니다. 일반적으로 별은 탄소, 질소, 산소와 같은 생명의 원소와 지구의 대부분을 구성하는 나트륨과 칼륨, 칼슘, 알루미늄, 규소를 생산합니다. 나이를 먹으면서 별은 이 원소들을 우주로 날려 보냅니다. 일부는 너무 많은 탄소를 내보낸 나머지 그을음 구름에 둘러싸이기도 합니다. 이 연금술의 종점에 등장하는 것이 바로 철입니다. 별이 더 무거운 원소를 만들기 위해서는 방출하는 에너지보다 더 많은 에너지가 필요합니다. 그래서 거대한 별은 중심부가 철로 변한 뒤 핵용광로를 중단합니다. 별은 더 이상 자신의 육중한 질량을 버티지 못하고 붕괴되면서 엄청난 폭발을 일으키고, 이 폭발로 별이 산산조각 나고 우라늄 같은 무거운 원소(중원소)들을 만들어냅니다.

달

지구의 동반자 달은 어떻게 생겨났을까?

탄생 후 2,000만 년도 채 되지 않은 시점에 지구는 생존을 위협하는 엄청난 재앙을 마주했습니다. 화성 크기의 행성이 시속 약 48,280킬로미터의 속도로 충돌한 것입니다. 지구는 그 충돌로 녹아내렸지만 계절을 안정시키고 생명 창조의 길을 열어준 동반자, 달을 얻었습니다.

인류는 오랫동안 달의 기원에 대해 많은 추측을 해왔습니다. 대륙이동설이 받아들여지기 전까지 몇몇 사람들은 달이 현재 태평양이 자리한 팽대부膨大部, bulge(은하 원반의 중심부에서 나이 많은 별들이 분포해 볼록하게 부풀어오른 부분)에서 분리된 것이라고 추측했습니다. 지구와 비슷한 응축 과정을 거쳐 지구와 함께 형성되었다거나, 다른 곳에서 만들어진 다음 지나가던 달이 지구의 중력 때문에 끌려 들어왔다고 주장하는 사람들도 있었습니다. 그러나 이 중에 우리가 알고 있는 달의 궤도에 잘 들어맞는 설명은 없었습니다.

45억 2,700만 년 전
달을 탄생시킨 충돌이 일어난
추정 시기

44억 2천만 년 전
가장 오래된 달 광물 입자 연대

43억 6천만 년 전
가장 오래된 월석 표본의 연대

지구의 판박이 위성

달의 기원에 관한 비밀은 아폴로호 우주비행사들이 달에 도착해서 암석 표본을 들고 돌아온 후에야 밝혀지기 시작했습니다. 월석月石, Moon rock은 지구의 표토, 화산 현무암과 구성 성분이 매우 유사했습니다. 즉 우리 행성과 달이 같은 물질로 이루어졌음을 의미합니다.

오늘날 과학자들은 컴퓨터 모의실험의 도움으로 달의 탄생 과정에 대한 꽤 그럴듯한 가설을 구하고 있습니다. 모의실험에 따르면 또 하나의 원시행성이 우리 행성의 앞이나 뒤의 라그랑주점Lagrangian point으로 불리는 지점에서 형성되었을 가능성이 있으며, 그 지점은 지구와 태양에서부터 각 행성까지의 거리가 동일했습니다. 태양계 성운에서 이 원시행성이 지구와 같은 물질을 담은 고리에서 형성되었다면, 지구와 구성 성분이 같은 이유도 설명할 수 있습니다. 성장하던 원시행성은 궤도가 불안정해지면서 결국 지구와 충돌하고 말았을 것입니다. 이 원시행성은 그리스신화 속 티탄족이자 달의 여신인 셀레네의 어머니 이름을 따서 '테이아'라고 불립니다.

지구와 테이아의 충돌

초속 약 16킬로미터로 이동하던 테이아는 젊은 지구의 하늘에 나타난 후 며칠 동안 점점 가까워졌습니다. 결국 충돌은 순식간에 끝나고 몇 초 안에 초음속 바람이 지구의 대기를 벗겨냈으며 거의 동시에 테이아의 맨틀 대부분은 지구 맨틀의 일부와 함께 증발해서 우주로 날아갔습니다. 밀도 높은 철로 이루어진 테이아의 핵 대부분은

41~39억 년 전
해양분지를 형성한 미행성 대 충돌기

36억 년 전
달 핵이 얼어붙은 시기, 달의 자기장 소실

31억 년 전
해양 분지에서 마지막으로 거대한 현무암 분출

지구와 원시행성 테이아의 충돌 가상도

지구 주위를 돌다가 두 번째로 충돌하면서 지구의 핵과 융합했습니다. 나머지 부분은 녹아내린 암석을 띠처럼 매달고 우주로 휩쓸려갔습니다. 이 모든 과정은 대략 24시간 내에 끝이 났을 것입니다.

서서히 우주로 휩쓸린 물질의 대부분이 지구로 떨어졌지만, 일부는 지구의 적도 주변 눈부시게 밝은 고리에서 궤도를 이루었습니다. 이 물질들은 식으면서 입자로 응축되었고 그 후 수십 년 동안 뭉치면서 달이 만들어졌습니다. 우주 진공에서 규산염 수증기가 뭉쳐서 월석이 된 것이라면 아폴로호가 가져온 월석의 조성이 놀랍게도 지구와 같았던 이유도 설명이 됩니다.

점점 멀어지는 달

테이아의 빗나간 일격으로 지구의 회전 속도가 빨라졌습니다. 충돌 이후 낮의 길이는 겨우 5시간 정도였지만, 그 이후로 꾸준히 길어졌습니다. 갓 태어난 달은 지구와 훨씬 가까이 있었기 때문에 밤하늘에 뜬 달은 지금보다 15배 정도 컸을 것입니다. 당시 달의 기조력起潮力(해수면 높이의 차이를 일으키는 힘)은 지금보다 훨씬 강했지만 밀물과 썰물에 따른 조석 현상이 일어날 바다가 없었습니다. 그러나 지표면 아래 녹은 마그마에서 거대한 조수潮水가 있었을 것입니다. 그러니 아마도 달이 머리 위를 지나갈 때마다 화산활동이 증가했겠지요.

그 이후로 조수가 달의 궤도 에너지를 약화하면서 달은 점차 멀어졌습니다. 그러나 몇 백만 년이 흐르면서 달은 기조력으로 고정되어 항상 달의 한쪽 면이 지구를 향하게 되었습니다. 아폴로호의 우주비행사들이 달에 남겨둔 반사체를 이용한 레이저 측정이 가능해 지금도 달이 여전히 1년에 3.8센티미터씩 지구로부터 멀어지고 있다는 사실을 알 수 있습니다.

파괴자와 보호자

대재앙이 있기 이전에 이미 세상에 발을 내디딘 원시 생명체도 있을 것입니다. 하지만 원시 생명체는 완전히 전멸했을 것이고, 그 후로 화산 폭발과 충돌한 얼음 혜성들이 대기와 바다를 채룰 때까지는 상당한 시간이 필요했습니다. 하지만 출산의 고통을 이겨내고 기다릴 가치는 있었습니다. 달이 없었다면 조수가 없었을 뿐만 아니라 지구의 자전축도 불안정했을 것입니다. 자전축이 불규칙한 간격으로 뒤집히다가, 한쪽 극점이 태양쪽을 향해서 지구의 반쪽이 어둠 속에 남겨졌을지도 모릅니다. 또한 우리의 밤하늘을 아름답게 빛내줄 존재를 잃어버렸을 것입니다.

물탐사

아폴로 우주계획 이후로 달탐사 활동에는 긴 공백기가 있었습니다. 하지만 최근에 무인우주선 몇 대가 달로 향했고 그들의 우선 과제 중 하나는 물을 찾는 것이었습니다. 달탐사선은 달의 양극점 주변에서 모두 풍부한 수소를 감지했고, 달의 그늘진 분화구에서 물이 얼음의 형태로 존재할 수 있다고 추측할 수 있었습니다. 2009년 미국의 달분화구 관찰 및 탐지위성 엘크로스LCROSS는 달의 남극 근처 분화구에 충돌해서 분출물을 만들어냈습니다. 분출물에는 기대했던 만큼은 아니었지만 약 155킬로그램의 얼음이 순도 높은 결정 상태로 담겨 있었습니다. 인도의 탐사선 찬드라얀Chandrayaan 1호는 레이더를 이용해 북극 근처의 표면 아래에 있는 얼음을 탐지했습니다. 발견된 얼음을 미래의 임무를 위한 로켓 연료로 공급하거나 달 정착민들에게 공급할 수 있기 때문에 이는 매우 중요한 발견입니다.

미행성 대충돌기

생지옥에서 세상이 시작되었다고?

탄생 이후 처음 7억 년 동안 지구라는 행성은 살기 좋은 장소가 아니었습니다. 이 시기를 '명왕누대Hadean eon'라 하는데 지옥을 다스리는 명왕인 하데스에서 유래한 이름입니다. 명왕누대에는 소행성의 끔찍한 충돌과 화산 폭발이 끊이지 않았습니다. 이때 지표면은 일부 또는 전체가 녹은 마그마로 이루어져 있었고 대기의 일부는 떨어져나갔고 바다는 증발했습니다. 하지만 이런 모습은 우리 세상의 시작이기도 합니다.

달의 바다

약 40억 년 전의 젊은 태양계는 아직 위험한 장소였습니다. 작은 물체들이 합쳐지면서 충돌은 예전보다 적게 일어났지만 한층 더 격렬해졌습니다. 후기 미행성 대충돌기로 알려진 이 시기는 약 38억 5천만 년 전까지 이어졌습니다. 당시의 충돌 흔적은 지구 표면에서 깨끗이 사라진 지 오래지만, 달에는 아직도 그 흔적이 선명하게 남아 있습니다.

44억 5천만 년 전
지구 지각의 고체화 시작

44억 4백만 년 전
가장 오래된 광물 알갱이의 연대

42억 8천만 년 전
누부악잇턱 녹색암의 추정 연대

우리는 지금도 후기 미행성 대충돌기에 만들어진 달 표면의 어두운 지형을 눈으로 볼 수 있습니다. 이 어두운 지역이 달의 바다Lunar Mare입니다. 달의 바다를 항해한 배는 없지만 한때 액체 용암이 있었던 장소입니다. 이곳은 엄청나게 분출한 현무암 마그마가 대충돌기에 만들어진 방대한 분지로 흘러들어가면서 형성되었습니다. 달의 바다는 최초의 아폴로호가 착륙

달의 바다(달 표면에서 어둡게 보이는 구역)

할 수 있을 만큼 상대적으로 표면이 평평했습니다. 당시 아폴로호가 가져온 표본들은 지구의 기준에서도 오래된 것들이었습니다. 달의 바다에 있는 용암류에서 발견된 가장 최근의 달 암석이 31억 년 전에 형성되었을 정도입니다. 건조하고 공기가 없는 달 표면에는 지구에 살아남아 있는 어떤 물체보다도 더 오랫동안 그 특징들이 잘 보존되어 있습니다.

창세기의 돌

달의 바다 근처와 달의 가장 먼쪽 대부분에 해당하는 좀 더 밝은 지역은 지구의 어느 암석보다도 오래되었고 달에서 가장 오래된 암석들이 발견되는 달의 고지입니다. 남

40억 3,100만 년 전
아카스타 편마암의 연대

38억 년 전
후기 미행성 대충돌기와 명왕
누대의 끝

아폴로 15호 우주비행사들이 달에서 가져온 창세기의 돌

아 있던 원시 지각의 대부분은 산산조각 나거나 변형되었지만 그중 일부는 밝은 암석 지역에 남아 있습니다. 그중 한 조각을 발견한 아폴로 15호의 우주비행사들은 그 암석에 '창세기의 돌'이라는 이름을 붙였습니다. 사장암 종류인 이 암석은 아마도 녹은 마그마에서 결정체가 자라며 형성되었을 것입니다. 그러나 창세기의 돌은 41억 년 된 것으로, 예상보다 오래되지는 않은 것으로 밝혀졌습니다. 아폴로 16호가 가져온 표본의 연대는 43억 6천만 년이었지만 역시 가장 오래된 달 지각이라는 예상보다는 오래되지 않았습니다. 달에서 온 가장 오래된 광물은 44억 2천만 년 전의 지르콘zircon 결정입니다.

하늘에서 내려온 재물

후기 미행성 대충돌기에 발생한 지구의 운석 충돌구는 이미 사라진 지 오래지만 화학적 흔적은 아직 남아 있습니다. 금속성 철로 이루어진 지구의 핵이 가운데로 모이며 금과 백금, 텅스텐 등 철에 쉽게 용해되는 무거운 금속 대부분을 가져갔습니다. 그중 텅스텐은 텅스텐-184와 텅스텐-182라는 두 가지 형태 또는 동위원소로 존재합니다. 지구는 핵을 형성하면서 맨틀에서 거의 모든 텅스텐을 사용했을 것입니다. 그 후 지구의 유일한 텅스텐 공급원은 방사성원소 하프늄의 붕괴였는데, 이 과정에서는 텅스텐-182만 생산됩니다. 이 때문에 지구에서 가장 오래된 암석에는 확실히 텅스텐-182가 풍부합니다. 하지만 그 이후의 모든 암석에는 텅스텐-184가 더 많이 들어 있습니다. 후기 미행성 대충돌기에 우주에서 운석의 형태로 텅스텐-184가 많이 떨어졌기 때문일 것입니다. 오늘날 우리가 채굴하고 있는 거의 모든 금과 백금 역시 텅스텐과 함께 운석에 포함되어 지구에 떨어졌을 것입니다.

지구의 비밀을 간직한 광물 지르콘

명왕누대의 암석은 지표면에 거의 남아 있지 않으며 그나마 남은 일부 암석은 형태를 알아볼 수 없을 만큼 뒤죽박죽 섞여 있습니다. 단, 지르콘이라는 광물은 예외입니다. 보통 모래 알갱이 크기의 아주 작은 결정으로만 발견되는 지르콘은 주변 암석이 용융을 되풀이하는 동안 고스란히 남아서 처음 만들어진 환경에 대한 기록을 남겼습니다. 현재까지 발견된 가장 오래된 지르콘은 호주 서부 잭힐스 구릉지의 30억 년 전 역암에서 발견되었는데, 이 역암은 그보다 더 오래된 알갱이와 자갈로 이루어져 있었습니다. 그 결정의 핵은 44억 년 전의 것으로, 결정 속에 산소 동위원소의 비율 역시 역암이 액체 형태의 물이 존재하는 환경에서 만들어졌다는 단서를 주고 있습니다. 다시 말해 당시에는 적어도 지구의 일부 지역에 물이 충분히 응결될 수 있을 만큼 지구의 온도가 내려갔을 것으로 추측할 수 있는 것입니다.

지질학자들의 다이아몬드, 지르콘

지르콘(규산지르코늄)은 인기 있는 준보석입니다. 하지만 고대 지구를 연구하는 지질학자들 사이에서는 훨씬 더 인기 있는 광물입니다. 지르콘의 결정격자는 내부에 우라늄 원자를 쉽게 가둘 수 있지만 납은 가둘 수 없습니다. 그래서 녹은 마그마 결정이 형성되는 순간부터 방사성 시계를 작동해 우라늄 붕괴로 축적되는 납의 양을 통해 놀라울 만큼 정확한 연대를 측정할 수 있습니다. 더욱이 지르콘 결정은 한번 형성되고 나면 내구성이 무척 강해서 주변의 바위들이 접히고 깨지고 땅속에 묻히고 심지어 다시 녹는 환경에서도 견딜 수 있습니다. 그러므로 각 지르콘 지형은 결정의 생애에서 각기 다른 연대를 보여줍니다.

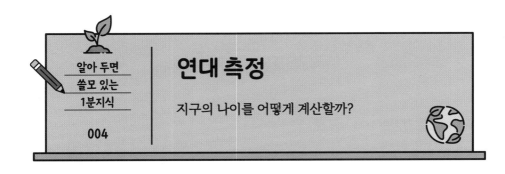

연대 측정

지구의 나이를 어떻게 계산할까?

사람들이 암석이나 화석을 보면 가장 먼저 묻는 질문 중 하나는 '얼마나 오래되었는가?'입니다. 20세기 중반까지는 이 질문에 확실하게 답할 수 있는 사람이 없었습니다. 하지만 지금은 암석의 연대측정 기술이 놀라울 만큼 정확해졌으며, 지구의 나이라는 궁극의 시간을 측정할 수 있는 수준에 이르렀지요.

과학적 추정

19세기 중반까지 지질학자와 생물학자들은 과거의 모든 사건이 일어나려면 1654년 아일랜드의 대주교 제임스 어서James Ussher가 성경을 분석해 주장한 6,000년보다 훨씬 긴 시간이 필요하다는 사실을 깨달았습니다. 이에 일부 전문가들은 퇴적물이 강을 따라 운반된 후 퇴적되는 속도를 관찰해서 퇴적암의 총 깊이를 계산해 추정하려 했습니다. 바다의 염도와 소금이 강에서 바다로 이동하는 속도를 측정한 사람

연대 측정에 주로 사용되는 동위원소의 반감기

탄소-14	우라늄-235	우라늄-238	토륨-232
5,730년	7억 4백만 년	44억 6,900만 년	140억 1천만 년

들도 있었습니다. 저명한 물리학자 켈빈경Baron Kelvin은 형성 당시에 지구가 뜨겁게 녹아 있었을 것이라 추정하고 식는 속도를 계산했습니다. 이로써 켈빈경은 9,800만 년이라는 수치에 도달했고 2,000만 년에서 4억 년 사이라고 폭넓게 추정했음에도 이 수치는 널리 받아들여졌습니다.

방사성 연대측정법

1902년에 뉴질랜드 물리학자 어니스트 러더퍼드Ernest Rutherford는 방사성 원소가 일정한 속도로 붕괴하기 때문에 이 속도를 암석의 연대를 측정하는 시계로 사용할 수 있다는 사실을 깨달았습니다. 방사능은 헬륨 원자의 핵인 알파 입자를 만들어내기 때문에 러더퍼드는 암석에 축적된 헬륨을 측정하면 그 연대를 밝힐 수 있다고 추측했습니다. 그러나 세세한 부분까지는 이해하지 못했지요. 예를 들어 그는 헬륨이 암석에서 빠져나갈 수도 있다는 사실을 깨닫지 못했습니다. 러더퍼드는 후에 4,000만 년으로 판단했던 최초의 추정치를 5억 년으로 수정했습니다.

영국의 지질학자 아서 홈즈Arthur Holmes는 방사성 원소의 반감기를 측정하고 우라늄을 납으로 바꾸는 복잡한 붕괴 과정을 연구해 방사성 연대측정법을 정밀과학으로 발전시켰습니다. 반감기는 표본이 절반으로 붕괴하는 데 걸리는 시간을 뜻합니다. 현재는 우라늄 원소가 우라늄-238, 우라늄-235의 두 가지라는 사실이 알려져 있습니다. 두 동위원소는 각각 납-206과 납-207로 붕괴되기 때문에 각각 독립적으로 연대를 측정할 수 있습니다.

칼륨-40	루비듐-87	사마륨-147
119억 3천만 년	488억 년	1,060억 년

원소의 무게

아서 홈즈가 최초로 연대측정을 하는 데는 수개월의 시간이 걸렸습니다. 그러나 지금은 질량분석기라는 기계 덕분에 몇 분 안에 암석의 연대를 측정할 수 있습니다. 아주 작은 표본을 증발시키고 원자에서 전자를 벗겨내면 질량에 따라 각기 다른 감지기로 방향을 바꾸거나 가속할 수 있습니다. 즉 원자별로 각 동위원소의 무게를 잴 수 있고 심지어 개수도 셀 수 있습니다.

나이테와 탄소

최대 약 6만 년까지의 고고학적 연대는 탄소의 동위원소인 탄소-14(14C, 방사성탄소)를 측정해서 계산할 수 있습니다. 이 동위원소는 대기 중의 안정한 탄소(12C)와 질소(14N)가 우주선cosmic rays(우주에서 끊임없이 지구로 내려오는 매우 높은 에너지의 입자선을 통틀어 이르는 말)과 반응함으로써 만들어집니다. 탄소-14는 살아 있는 식물과 동물에 흡수되다가 이들이 죽으면 더 이상 흡수되지 못하고 5,730년의 반감기로 붕괴합니다. 현대 장비로는 반감기의 최대 10배까지 연대를 측정할 수 있고 그 이후로는 남은 양이 너무 적어 측정하기 어렵습니다.

하지만 우주선의 흐름은 일정하지 않습니다. 다행히 자연은 나이테라는 환산표를 제공합니다. 나무 둥치의 각 나이테는 특정 해에 해당합니다. 즉 늪지에 보존된 나무에서 나이테가 같은 부분을 확인하면 그 나이를 수천 년까지 거슬러 기록할 수 있습니다. 이것을 이용하면 탄소연대측정법으로 구한 연대를 좀더 정확성이 높은 연대로 보정할 수 있습니다.

모래알이 품은 빛

현재 고고학자와 지질학자들은 다양한 연대측정 기술을 사용합니다. 그중 하나가 땅속에 묻힌 모래알이 마지막으로 햇빛을 본 시기를 확인하는 방법입니다. 이 기술을 광여기루미네선스optically stimulated luminescence, OSL 연대측정법이라 합니다. 자연방사능은 광물 알갱이의 결정격자를 손상시킵니다. 이 손상은 햇빛으로 복구되는데, 이때 결정격자에서 빛의 형태로 에너지를 방출합니다. 그러므로 표본이 장치 안에 들어갈 때까지 어두운 곳에 보관한 다음 짧게 레이저 빛을 쪼이면, 그 결과로 방출된 빛을 통해 결정이 얼마나 오래 묻혀 있었는지 측정할 수 있습니다.

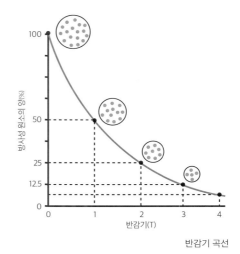

반감기 곡선

연대측정법으로 알 수 있는 것

연대측정법을 이용하면 단순히 암석의 나이뿐 아니라 더 많은 것들을 알 수 있습니다. 우리 인류 조상들의 선사시대 이주 과정을 추적하는 데에도 사용됩니다. 또한 기후변화와 해수면 상승 시기를 측정하는 데 사용됩니다. 예를 들어 우라늄은 바닷물에 녹아 자라는 산호에 갇힙니다. 산호는 항상 얕은 물에서 자라기 때문에 산호의 연대를 밝히면 해수면이 해당 높이였던 시기를 알 수 있습니다.

광물은 각각 결정화하는 온도가 다르기 때문에 광물 속 알갱이를 통해 암석의 온도 기록을 밝혀낼 수 있습니다. 예를 들어 히말라야 화강암의 지르콘은 대략 지구의 18킬로미터 깊이에 해당하는 섭씨 800도 이상에서 결정화합니다. 하지만 히말라야의 백운모는 좀더 차가운 온도에서 결정화하기 때문에 더 얕은 깊이에서 형성됩니다. 같은 화강암 속에서 고작 200만 년의 연대 차이가 나는 이유는 약 2,000만 년 전에 히말라야산맥이 매우 급격히 상승했기 때문인 것으로 볼 수 있습니다.

알아 두면
쓸모 있는
1분지식

005

금성과 화성

왜 지구에만 생명체가 존재할까?

태양계 세 번째 행성인 지구는 너무 뜨겁지도 차갑지도 않아 생명체가 살아가기에 '딱 맞는' 장소입니다. 왜 그럴까요? 두 번째와 네 번째 행성인 금성, 화성과 우리 행성이 그토록 다른 이유는 무엇일까요?

금성, 같은 듯 다른 형제 행성

지구에서 보면 금성은 새벽별로 불리며 태양의 뒤를 쫓는 아름다운 행성입니다. 그러나 우리가 보고 있는 것은 금성에서 지구와 압력과 온도가 비슷한 청백색 구름 위쪽뿐입니다. 실제로 금성은 지구와 매우 다릅니다. 금성의 구름은 황산 방울로 이루어져 있으며 그보다 50킬로미터 아래에 있는 극한 환경의 지표면에서는 지구보다 90배 높은 압력과 납을 녹일 수 있을 정도로 높은 온도를 경험할 수 있습니다.

구성 성분이 같고 동시에 탄생했으며 크기와 밀도까지 비슷하다는 점에서 금성은 지구의 자매 행성입니다. 하지만 양육 방법이 달랐던 탓인지 금성은 사악한 쌍둥

1960년	1972년	1975년	1980년, 1982년
화성 탐사선을 발사하기 위한 최초의 시도 실패(구소련)	우주선 매리너 9호(미국)가 최초로 화성 궤도 선회	베네라 9호와 10호(구소련)가 금성 표면의 사진을 촬영	바이킹 1호와 2호(미국)가 화성 착륙

이가 되었습니다. 만약 지구에 쌓인 모든 석회암과 백악, 석탄을 승화시키면 이산화탄소가 가득해 금성과 매우 흡사한 대기로 변할 것입니다. 열은 증발을 일으키고 증발된 수증기는 강력한 온실기체로 작용해 열기를 가두며 더 많은 증발을 일으킵니다. 만약 지구를 조금만 더 태양에 가깝게 끌어당기면 바다가 끓어 넘치기 전까지는 기후가 안정되지 않는다는 사실을 알 수 있을 것입니다. 금성에서 바로 이러한 일이 일어났을 것입니다. 현재 금성의 대기는 햇빛이 물을 수소와 산소로 분리했기 때문에 물이 거의 남아 있지 않습니다. 금성의 수소는 우주로 빠져나갔고 산소는 암석과 반응했습니다.

그렇다면 지구에서도 금성과 같은 일이 일어날 수 있을까요? 우리가 아무리 이산화탄소를 많이 방출한다 해도 현재로서는 불가능할 것입니다. 하지만 십억 년 정도 지나서 태양이 더 뜨거워지면 우리 후손들에게는 엄청난 위협이 될 수 있겠지요.

금성의 화산 분출

지질학적으로 금성은 지구와 비슷해 보입니다. 바다나 식물은 없지만, 화산이 있고 운석충돌구와 산맥, 균열이나 단층선이 있습니다. 하지만 지구와 달리 단층선과 화산지대가 지표면에 펼쳐져 있습니다. 금성의 지형은 판 경계선을 따르지 않습니다. 고르게 펼쳐져 있는 운석충돌구를 통해 금성의 전체 표면이 모두 비슷한 연대를 가지고 있음을 알 수 있습니다. 금성 표면의 연대는 약 6억 년으로 화성이나 달, 수성의 표면에 비해 상대적으로 젊습니다.

1990~1994년
마젤란 궤도선(미국)이 레이더로 금성의 지도를 제작

2003년
마스 익스프레스(유럽)가 화성 궤도에 안착, 비글 2호(영국)의 지구 복귀 실패

2004년
스피릿과 오퍼튜니티 탐사로봇(미국)이 부서지지 않고 화성 착륙 후 임무 수행

2006년
비너스 익스프레스(유럽)가 금성 궤도에 안착

그 이유는 금성이 행성 내부의 열을 방출하는 과정으로 설명할 수 있습니다. 지구에서 이 과정은 판구조론이라 하여, 뜨거운 화산이 새로운 지각을 만들고 오래되어 식은 지각은 행성 내부로 가라앉습니다. 하지만 이 과정은 물이 있어야 원활하게 이루어질 수 있기 때문에 물이 없는 금성에서는 이러한 과정이 일어날 수 없지요. 그 대신 금성에서는 온 행성 전체에 화산이 분출할 수 있는 수준까지 내부 온도가 올라가며, 6억 년마다 극단적인 분출을 통해 내부 지각이 위로 올라갑니다.

우주로 사라지는 화성의 대기

지구의 절반 크기인 화성은 달보다는 고작 두 배 큽니다. 이것이 바로 화성의 실패의 원인이었을 것입니다. 화성은 표면 중력이 지구의 3분의 1보다 조금 크고 하전입자(전하를 띠고 있는 입자)의 태양풍으로부터 대기의 상단을 보호할 수 있는 중요한 자기장이 없습니다. 그래서 일부 기체 분자들, 특히 수증기가 분해되어 천천히 우주로 빠져나갑니다. 최대 100톤의 화성 대기가 매일 우주로 사라지고 있을 것으로 추정됩니다.

화성은 대기압이 너무 낮기 때문에 화성이 얼어 있지 않더라도 액체 상태의 물은 아주 낮은 계곡에만 존재할 수 있습니다. 다른 곳에서는 얼음이 녹지 않고 곧바로 승화할 것입니다. 더욱이 화성의 대기에는 두껍고 포근한 이산화탄소 보호층이 없기 때문에 대체로 섭씨 영하 60도 이하이며 항상 영하의 온도를 유지합니다.

화성의 강

화성이 항상 춥거나 건조한 것은 아니었습니다. 우주 탐사선은 과거 화성에 물이 흘렀다는 분명한 증거를 밝히면서 화성 표면 대부분을 정교하게 지도로 만들었습니다. 그중 대부분은 30억 년보다 더 과거에 존재했던 흔적일 것입니다. 좀 더 최근의 표본은 묻혀 있던 얼음이 열수 작용으로 녹으면서 국지적으로 발생한 짧고 갑작스런 홍

수 때문에 생긴 흔적으로 보입니다.

하지만 탄생 후 얼마 동안 화성에는
강과 호수, 심지어 바다가 있었을 것입
니다. 화성 북반구의 넓은 지역은 저지
대이고 지구의 해저와 공통점이 많습니
다. 그렇다면 그 많은 물이 다 어디로 갔
을까요? 아마 대부분은 우주로 빠져나
갔겠지만 그래도 많은 양의 물이 표면
아래 얼음의 형태로 존재하고 있을 듯
합니다.

화성에 물이 있을 가능성이 가장 높은 구역(흰색 선 안)

화성에 생명체가 있을까?

화성에 지적 능력이 있고 우리에게 적대적인 외계인이 살고 있지 않다는 점만은 확
실합니다. 하지만 아주 작은 녹색의 무언가가 아직 행성에 살고 있을 가능성이 있습
니다. 지구에서 가장 화성과 환경이 비슷한 곳은 남극대륙의 메마른 골짜기인데, 이
영구 동토층에는 수천 년 동안 눈도 비도 내리지 않았습니다. 그럼에도 일부 돌의 표
면 바로 아래의 작은 구멍에는 미세한 해조류가 살고 있는 얇은 녹색 층이 있습니다.
1970년대에 미국항공우주국 나사NASA는 인류 최초의 화성탐사선인 바이킹호 착륙
자들이 '화성에서 생명의 흔적을 찾지 못했다'는 애매한 결론을 내렸고, 지금까지도
탐색은 성공적인 결과를 내놓지 못하고 있습니다. 만약 화성에 생명체가 존재한다면
표면 아래에서 발견될 가능성이 가장 높습니다. 화성의 땅속은 열수작용으로 따뜻하
기 때문에 황화물의 화학 에너지를 먹고 사는 박테리아가 있을 가능성이 있기 때문
입니다.

자정능력

지구는 살아 있는 하나의 유기체다?

만약 우리 태양계에 외계인이 찾아온다면 생명체가 어디에 살고 있는지 한눈에 찾을 수 있을 것입니다. 지구의 대기에는 생명의 징후가 뚜렷하기 때문이지요. 구성성분에 이산화탄소가 가득한 배기가스와 달리 지구의 대기에는 생명을 유지하는 데 꼭 필요한 산소와 오존, 미량의 메탄과 암모니아가 불안정하게 뒤섞여 있습니다.

지구 대기 중 이산화탄소 농도

지난 35억 년 동안 지구는 섭씨 10~30도 사이에서 표면 온도를 유지해왔습니다. 그러나 그 사이 태양의 활동량은 1.5~3배가량 증가했지요. 그 변화가 얼마나 큰 차이를 만들어냈는지는 펄펄 끓는 금성과 '얼어붙은 화성만 봐도 알 수 있습니다. 지구 온도가 안정적일 수 있었던 이유는 박테리아와 조류의 활동 덕분입니다.

 생명이 기원한 시점부터 유기체는 지구를 따뜻하게 유지해주는 이산화탄소를 소모해왔습니다. 지질학적 기록을 보면 석회암과 백악의 두꺼운 층이 반복되는데, 이

35억 년 전	24억 5천만 년 전	24억 5천만~20억 년 전	8억 5천만 년 전
이산화탄소가 풍부한 원소 대기	유리 산소가 대기에 쌓이기 시작, 이산화탄소 비율 감소	빙하기	산소 비율 증가

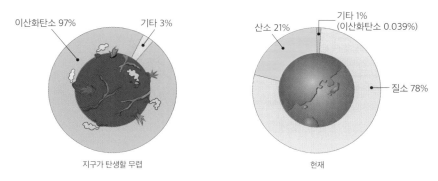

이산화탄소 97%　　기타 3%

기타 1%
(이산화탄소 0.039%)

산소 21%

질소 78%

지구가 탄생할 무렵　　　　현재

지구 대기 중 이산화탄소 농도 변화

암석층은 본질적으로 생명체가 침전된 원시 대기의 흔적을 보여주는 화석입니다. 지구의 대기는 한때 이산화탄소가 최대 95퍼센트를 차지하는 화성과 금성의 대기와 같은 성분으로 이루어져 있었을 것입니다. 그러나 현재 이산화탄소는 지구 대기의 0.03퍼센트만을 차지하고 있습니다.

산소화 사건

지구 최초의 세균성 생명체는 아마도 우리가 지금도 하수관에서 발견할 수 있는 종류였을 것입니다. 이 냄새나는 생명체들은 산소가 없는 환경에서 잘 자라고 부패하는 화학물질에서 에너지를 얻습니다. 하지만 그 후 생명체의 최대 발명품 중 하나인 광합성이 시작되었습니다. 남세균cyanobacteria(핵막으로 싸인 핵이나 다른 세포 소기관을 가지고 있지 않은 조류. 세균성 엽록체가 아닌 고등식물이 가지는 엽록체를 가지고 있어 광합성을 한다) 또는 남조

7억 8천만~6억 6천만 년 전
빙하기

6억 1천만 년 전
최초의 거대 동물(에디아카라 동물군)

3억 년 전
산소 수치가 최대 35퍼센트까지 증가

현재
80만 년이 넘는 동안 대기 중 이산화탄소 수치 최대 증가

류라고 하는 생명체들은 햇빛에서 에너지를 얻어 이산화탄소와 물을 몸속의 복잡한 화학 구조로 결합하는 데 사용했습니다. 이뿐만 아니라 남세균이 부산물로 생산한 산소는 혐기성 세균 친구들에게 유독한 기체였습니다.

약 28억 년 전부터 지구에서는 산소가 바닷물에서의 화학 반응에 빠르게 사용되었습니다. 선캄브리아시대의 대규모 호상철광층(철 성분이 많은 퇴적층과 규질 성분이 많은 퇴적층이 번갈아 퇴적된 후 변성작용을 거치며 띠 모양의 철광층으로 나타난 것)은 당시에 지구가 본질적으로 어떻게 녹슬었는지를 보여주는 결과물 중 하나입니다. 이 철광층은 산소 수치를 증가시킨 조류의 계절성 대증식 때문에 만들어졌거나, 산소가 없는 깊이에 녹아 있던 많은 철을 끌고 올라간 용승류 때문에 생겨났을 것입니다.

생명의 숨

산소의 증가는 복잡한 동물 생명체가 진화할 수 있었던 원인이 되었습니다. 지난 5억 4천만 년 동안 산소는 우리 대기의 약 21퍼센트를 차지해왔습니다. 큰 동물들이 번식하기에 충분하며 산불이 걷잡을 수 없이 퍼지지는 않는 적절한 농도입니다. 그러나 이례적으로 두꺼운 석탄 퇴적물이 저장된 약 3억 년 전 석탄기 후기에는 산소가 대기의 35퍼센트에 이르렀습니다. 그 결과 잠자리의 날개 길이가 30센티미터에 이를 정도로 곤충과 양서류가 크게 자랄 수 있었습니다.

가이아이론

과학자 제임스 러브록James Lovelock과 미생물학자 린 마굴리스Lynn Margulis는 지구가 살아 있는 하나의 초유기체처럼 행동한다는 '가이아이론Gaia Theory'을 통해 되먹임기작feedback mechanisms이 지구를 생명체가 살기 좋은 곳으로 유지하는 역할을 한다고 주장했습니다. 지구에서는 산소와 이산화탄소, 대기 중의 암모니아와 메탄, 해양 산성도와 염도 등 모든 요소가 놀라울 만큼 일정하게 유지됩니다. 심지어 생명체는 공기 중으로 디메틸설파이드를 배출함으로써 구름과 강수량까지도 조절할 수 있습니다. 디메틸설파이드는 산화되어 미세한 입자를 형성하는데, 이 입자는 구름 속 물방울의 씨앗 역할을 하는 핵이 됩니다.

파괴자 가이아

가이아이론은 여신의 이름을 따왔을 뿐 특성을 반영한 것은 아니라지만, 신화에서 가이아는 자신의 아이들을 잡아먹습니다. 그렇다면 인류가 자정 작용에 미치는 영향은 무엇이고 그 반대 효과는 무엇일까요? 우리가 지구에 대규모 변화를 일으키고 있다는 사실은 분명합니다. 인간은 숲을 없애고 땅의 용도를 바꾸며 서식지와 생물 다양성을 훼손하고 오염물질과 함께 어마어마한 양의 이산화탄소를 방출하고 있습니다. 기후 연구 모델에 따르면 우리는 정점에 다가가고 있으며 세상이 더욱 뜨거워져 지금과 달라지면 새로운 항상성이 정립될 것이라고 합니다. 이 가설에 강한 확신을 가지고 있는 러브록은 앞으로 가이아가 인구수를 제한하는 방식으로 환경을 조정할 것이라고 주장합니다. 미래에는 해수면이 높아지고 방대한 농경지가 건조한 사막으로 변할지 모릅니다. 러브록의 우울한 예측에 따르면 한 세기 후에는 세계의 인구수가 훨씬 줄어들겠지만 지구는 아랑곳하지 않고 자신의 임무를 수행할 것입니다.

제임스 러브록

제임스 러브록James E. lovelock(1919~2022)은 전통적인 과학자와는 거리가 멀었습니다. 그는 의학 연구로 시작해 나사에서 행성 대기의 구성성분 감지 장치를 만들기 위한 자문을 제공했고, 1964년 이후로는 독립 과학자이자 발명가로 활동했습니다. 그의 가장 유명한 발명품은 전자 포획 장치로, 지구에 널리 퍼진 오염물질의 영향을 감지하는 핵심 장치였습니다. 그는 가이아이론을 통해 생명체가 무의식적으로 지구의 대기와 기후의 균형을 조절하는데, 인간은 위험을 무릅쓰고 이 균형을 파괴하고 있다고 주장했습니다.

2장

지구의 내부

지구의 중심

인간은 지구 속 어디까지 들어갈 수 있을까?

쥘 베른Jules Verne이 1864년에 가상의 여정에 대한 책『지구 속 여행Voyage au centre de la Terre』을 출간했을 때 지구 내부에 대해서는 거의 알려진 것이 없었습니다. 지질학은 새로운 과학 분야였습니다. 찰스 다윈Charles Robert Darwin의 진화론이 이제 막 발표되었고 최초의 공룡 화석이 전 세계의 박물관에 등장하기 시작한 시기였습니다. 오늘날 우리에게는 소설에서처럼 가상의 여정을 위한 지하통로가 필요 없습니다. 현대의 기구들을 이용하면 실제로 땅속에 들어가지 않아도 여행할 수 있기 때문입니다.

지표면에서 불과 몇 킬로미터만 이동하면 누구도 가보지 못했고 앞으로도 가보지 못할 장소가 나타납니다. 짧은 거리지만 수직으로 내려가려면 인간이 극복할 수 없는 문제를 해결해야만 합니다. 지금까지 인간이 가본 가장 깊은 곳은 1960년 자크 피카르Jacques Piccard와 돈 월시Don Walsh가 트리에스테 잠수정을 타고 도달했던 태평양 괌 근처의 마리아나 해구 속 챌린저 해연 바닥입니다. 두 해양학자는 약 10,911미터 깊이의 해저에 도달해 넙치류 물고기들을 보았습니다.

지구의 깊이

0킬로미터	- 38킬로미터	- 100킬로미터	- 670킬로미터
지표면	평균 지각의 두께	평균 암석권의 바닥	상부 맨틀의 바닥

지구의 중심부까지 들어가기

지구상에서 가장 깊은 광산은 깊이가 3,900미터인 남아프리카공화국의 타우토나 금광입니다. 이 금광은 너무 깊어서 에어컨이 없으면 섭씨 약 60도까지 올라갑니다. 가장 깊은 시추공은 러시아의 콜라반도에 있으며, 1989년에 깊이 12,262미터까지 도달했습니다. 온도와 압력으로 인해 구멍을 뚫자마자 반고체 상태의 암석이 구멍을 덮어버리기 때문에 더 깊이 파낼 수 없었습니다.

땅 위가 아니라 지각을 곧바로 통과해 맨틀에 구멍을 뚫을 수도 있습니다. 해양지각의 두께는 평균 7킬로미터밖에 안 됩니다. 1960년대 초기에는 해양지각을 직접 뚫어 맨틀과 지각의 경계면인 모호로비치치 불연속면Mohorovii discontinuity 또는 모호라고 불리는 위치에 도달하려는 야심찬 계획을 세우기도 했습니다. 하지만 실현 가능한 자금 조달에 실패했고 당시의 기술로는 불가능했기 때문에 '모홀Mohole' 계획은 무산되었습니다. 그러나 최근에 다시 최신 기술을 탑재한 일본 과학 시추선 '지큐地球'(일본어로 '지구'를 뜻함)의 도움으로 유사한 계획을 세우고 있습니다.

양파를 닮은 지구

지구가 탁상용 지구본 크기라면 히말라야는 평균 표면 높이에서 불과 1밀리미터 정도밖에 올라오지 않을 것입니다. 지구 내부도 마찬가지입니다. 지각, 암석권, 상부 맨틀과 하부 맨틀, 외핵과 내핵은 양파 껍질처럼 매끄럽고 평평합니다. 하지만 지구 모형은 양파와 99.9퍼센트만 유사할 뿐입니다. 지구물리학을 아주 흥미롭게 만드는

- 2,891킬로미터
하부 맨틀의 바닥

- 5,150킬로미터
녹은 외핵의 바닥

- 6,371킬로미터
지구의 중심

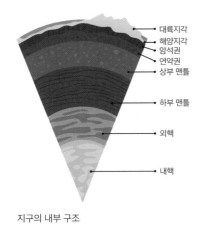

대륙지각
해양지각
암석권
연약권
상부 맨틀

하부 맨틀

외핵

내핵

지구의 내부 구조

많은 요소들은 나머지 0.1퍼센트에서 발생합니다. 0.1퍼센트의 차이는 지구 내부에서 일어나는 사건들에 대한 단서를 제공합니다.

우주 비행사들은 우주에서 보는 지구가 완벽한 구형이라고 이야기합니다. 하지만 지구는 완벽한 구형이 아닙니다. 지구의 중심에서 측정할 때 지표면에서 가장 높은 부분은 어디일까요? 정답은 에콰도르의 침보라조 화산입니다. 침보라조는 해발 6,275미터밖에 안 되지만, 적도와 매우 가까운 위치에 있습니다. 그런데 지구는 자전하기 때문에 적도 부분이 불룩합니다. 다행히 대기도 지구와 함께 자전하기 때문에 우리는 자전의 속도를 느끼지 못하지만, 적도에 서 있는 사람은 지구의 자전으로 인해 시속 약 1,670킬로미터가 넘는 속도로 동쪽을 향해 움직이게 됩니다.

지구의 굴곡 느끼기

2009년 3월에 유럽우주국에서 발사한 중력장 및 해양순환 탐사체 탐사위성(GOCE)은 지구의 중력장을 유례없이 상세하게 측정하고 있습니다. 낮은 궤도에 떠 있는 위성은 중력에 매우 민감합니다. 중력이 약간 증가하면 그만큼 속도가 증가하고 중력이 줄어들면 속도도 줄어듭니다. 여기에 원자시계를 이용하면 아주 작은 변화를 측정해서 현 시점에서 가장 정확한 지구의 중력지도를 얻을 수 있습니다. 이렇게 하면 '지오이드geoid'의 모양을 표현할 수 있는데, 이는 조수와 조류를 제외하고 평균해수면을 이용해 지구의 모양을 나타낸 가상의 모형입니다. 지오이드는 해양순환과 해수면의 변화, 해빙의 역학관계 등의 잠재적으로 기후변화에 영향을 줄 수 있는 모든 조건을 정확하게 측정할 수 있는 중요한 참고 자료입니다.

이 자료를 바탕으로 표현한 과장된 지구의 모습을 보면 인도네시아와 유럽 북서부는 볼록하고 인도양은 움푹 들어가 있어 지구는 울퉁불퉁한 감자 모양처럼 보입니다. 가장 눈에 띄는 지형은 중력으로 인해 심하게 움푹 꺼진 인도의 남쪽입니다. 이곳은 멀지 않은 과거에 인도아대륙(인도반도)이 통과한 지역이기도 합니다. 이는 이곳의 해수면이 평균보다 약 100미터 낮다는 뜻입니다. 뒤에 이어지는 내용에서 살펴보겠지만 울퉁불퉁한 굴곡은 지구를 관통해 핵까지 이어지면서 핵에서 발생하는 역동적인 과정에 대한 새로운 가설을 제공합니다.

모호로비치치 불연속면

1909년 크로아티아의 지구물리학자 안드리야 모호로비치치Andrija Mohorovičić는 자연지진파가 지구의 특정 층에 굴절되는 양상을 연구하고 있었습니다. 그는 대륙에서 약 35킬로미터 내려간 위치에서 지진파의 속도가 급격히 변한다는 사실을 발견했습니다. 해당 위치 위에서 압축파(P파)는 초속 약 6~7킬로미터로 이동했지만 그 아래부터는 초속 약 8킬로미터로 이동했습니다. 지각과 맨틀 사이의 경계를 나타내는 이 위치를 모호로비치치 불연속면이라 합니다.

지진파

파장으로 지구 내부를 볼 수 있다고?

우리는 지구 내부의 깊은 곳에서 직접 표본을 채취할 수 없지만, 확실히 살펴볼 수는 있습니다. 지구는 빛을 통과시키지 않는 대신 지진으로 인해 발생하는 지진파를 통과시킵니다. 빛이 거울에 반사되고 굴절되고 렌즈를 통과하면서 굴절되는 것처럼 지진파는 지구의 내부 층에서 튕겨 나오거나 구성성분이 서로 다른 암석을 통과하면서 굴절됩니다.

지진파 연구는 단순히 연못에 돌을 던지고 잔물결을 관찰하는 것보다 훨씬 복잡합니다. 먼저 지진파에는 세 가지가 있는데, 각자 다른 속도로 이동하기 때문에 서로 다른 시점에 도착합니다. 처음으로 도착하는 파장은 '처음primary'과 '압력pressure'을 뜻하는 P파입니다. 그다음은 '2차secondary' 또는 '어긋남shear'을 뜻하는 S파이며, P파 속도의 약 60퍼센트로 이동합니다. 마지막으로 두 지진파의 중간 정도 속도로 이동하지만 지구 표면을 따라 먼 거리를 도는 표면파가 있습니다. 표면파는 3차원이 아닌 2차원으로 전파되기 때문에 좀 더 천천히 소멸하고 지구를 여러 번 돌 수 있습니

지구의 깊이에 따른 온도와 기압

0킬로미터	- 38킬로미터	- 670킬로미터
표면: 섭씨 20도, 1기압	평균 지각 기반: 섭씨 500~900도, 1,200기압	평균 상부 맨틀: 섭씨 2,300도, 227,000기압

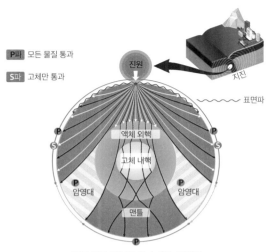

P파 모든 물질 통과

S파 고체만 통과

진원

지진

표면파

액체 외핵

고체 내핵

암영대   암영대

맨틀

지구 내부 정보를 알 수 있는 지진파

다. 반사된 P파와 S파는 표면파를 방해하기 때문에 표면파를 통해 지구 내부에 대한 정보를 얻을 수 있습니다.

해저에 발사

지구의 깊은 내부를 탐사하기 위해서는 지진으로 인해 발생한 지진파나 과거 지하핵실험 등으로 인해 발생한 지진파가 있어야 합니다. 그러나 지각 퇴적물 속 얕은 층을 연구할 때는 작은 폭발로도 가능해 바다에서 대형 압축공기총을 일정 간격으로 발사하는 방법을 사용합니다. 반사파는 다양한 예인형 선배열 음파탐지기towed arrays of hydrophone로 감지할 수 있는데, 감지한 반사파를 이용해 고대 용암류와 퇴적층, 석유

- 2,891킬로미터
하부 맨틀 기반:
섭씨 2,700~3,700도,
140만 기압

- 5,150킬로미터
액체 외핵 기반:
섭씨 약 5,000도,
340만 기압

- 6,371킬로미터
지구의 중심:
섭씨 약 5,500도,
360만 기압

와 천연가스가 대량으로 매장되어 있을 일종의 돔형 구조를 발견할 수 있습니다. 좀 더 얕은 수백 미터 깊이의 부드러운 퇴적물을 조사할 때는 폭발이 필요 없으며, 주사 음향장비의 청각 신호로도 충분합니다.

바닥 밟기

땅에서는 커다란 트럭을 이용해 지진파의 정보를 수집할 수 있습니다. 트럭에는 무거운 금속판이 장착되어 있는데, 그 금속판을 땅에 놓고 수격펌프를 사용해 위아래로 진동시킵니다. 이렇게 하면 땅에 구덩이를 만들지 않을 뿐만 아니라 진동수와 진동 길이를 쉽게 조절할 수 있으며, 각기 다른 깊이에서 다양한 특징을 포착하기 위해 지진파를 조정할 수 있습니다. 반사된 지진파는 다양한 수진기geophone로 기록할 수 있습니다. 북아메리카 대륙의 3차원 윤곽을 만드는 데 이 기술을 사용했습니다.

지구 전신 스캔하기

지구에서는 매일 수십 번의 소규모 지진이 일어나며, 현재 전 세계에서 수백 개의 감도 높은 지진계가 그 진동을 기록합니다. 지진계로 얻은 결과는 병원의 전신 스캐너와 비슷합니다. 복잡한 수학 공식과 기발한 컴퓨터 기술을 이용해 내부 장기를 영상화함으로써 지구 내부의 모습을 3차원 이미지로 바꿀 수 있습니다.

앞에서 살펴보았듯이 지각 기반에서 모호 불연속면은 강한 반사체입니다. 모호 불연속면에서 단단한 암석권이 좀 더 뜨겁고 무른 연약권으로 변환되며, 그 위로는 지구의 여러 지각판이 떠 있습니다. 아래쪽으로 410킬로미터와 520킬로미터 위치에는 좀 더 약한 반사체가 있고 상부 맨틀과 하부 맨틀 사이 경계에는 더 강한 반사체가 있습니다. 맨틀 기반에는 고대 해양지각의 안식처 역할을 하는 얇은 불연속면인 디 더블 프라임층(D″층)이 있습니다.

무른 암석, 뜨거운 암석

지진파 토모그래피Seismic tomography는 이미 알려진 층에 대한 정보만 보여주는 것은 아닙니다. 지진파는 단단한 바위보다 무른 바위에서 좀 더 느리게 이동하기 때문에 암석의 온도 정보를 반영할 수 있습니다. 이러한 방식으로 하와이와 아이슬란드 같은 화산 열점 아래 맨틀의 깊은 곳에서 뜨겁고 끈적이는 맨틀 상승류를 확인할 수 있습니다. 또한 오래되어 온도가 내려간 해양 암석권 판이 맨틀로 밀려 내려가는 것을 볼 수 있습니다.

액체 핵

P파는 고체와 액체를 모두 통과하지만 무른 물질에서 더 느리게 이동합니다. S파는 액체를 통과하지 못합니다. 그런데 큰 지진을 따라가다 보면 지구 반대편에 S파가 도달할 수 없는 사각지대가 있습니다. 지구물리학자들은 이 사실을 통해 지구 속에 액체 핵이 있으며 밀도로 볼 때 주로 녹아 있는 철로 이루어져 있음을 알게 되었습니다. 액체 핵을 통과할 수 있는 P파를 통해 핵 내부에 고체 철로 이루어져 있어 더 빠른 속도로 이동할 수 있는 작은 내핵이 있다는 사실이 밝혀졌습니다.

지구핵으로 향하는 여행

2003년에 개봉한 영화 <코어>는 사실상 전제부터 불가능합니다. 지구 깊은 곳의 압력은 그 어떤 탐사선이든 부수어버릴 테니까요. 하지만 캘리포니아공과대학교의 데이비드 스티븐슨 교수는 불가능할 것 같기는 하지만, 지구의 핵에 도달할 수 있는 장비를 고안했습니다. 그의 계획은 지각의 깊은 틈새에 쇳물 10만 톤을 붓는 것입니다. 그는 밀도 높은 쇳물이 1~2주 동안 맨틀을 뚫고 내려갈 수 있기 때문에 쇳물에 자몽 크기의 작은 내열 장비를 넣어 함께 이동시키면 지진파를 이용해 지표면에서 정보를 계속 받을 수 있다고 믿었습니다. 그렇게 간신히 외핵에 도달하더라도 장비는 결국 녹아버리겠지만요.

자성 핵

지구 가장 안쪽에서는
어떤 일이 벌어지고 있을까?

지구의 핵은 화성만큼 큰 데다 질량은 그 3배입니다. 외핵은 녹아 있는 금속이 격렬하게 소용돌이치고 폭풍을 일으키는 하얗고 뜨거운 바다입니다. 그 안에는 결정이 숲을 이룬 내핵이 있습니다. 지구는 핵 내부에서 일어나는 여러 현상을 통해 생명을 보살피고 해로운 우주방사선으로부터 우리를 지켜줍니다.

우주에서 날아온 지구 핵에 관한 단서

철질운석iron meteorites은 아주 흔하진 않지만 우주 암석 중에 가장 잘 알려져 있습니다. 주로 철 금속으로 이루어져 있지만 보통 7~15퍼센트 니켈을 함유합니다. 니켈은 때때로 두 가지 합금 결정의 집합 형태로 존재하는데 화학조성을 차지하는 비율에 따라 니켈이 5퍼센트 함유된 합금과 약 40퍼센트 함유된 합금이 있습니다. 오랫동안 사람들은 운석을 통해 지구의 핵 구조를 추측할 수 있다고 생각했습니다. 지구가 운석이 부서지면서 소행성대를 형성한 원시행성에서 유래한 것으로 추정했기 때

1687년
아이작 뉴턴이 중력을 이용해
지구가 밀도 높은 핵을 가지고
있다고 주장

1905년
아인슈타인이 자기장의 기원
을 물리학이 직면한 중요한 문
제 중 하나로 표현

1926년
해롤드 제프리스 경이 지진파
를 이용해서 외핵이 액체라고
주장

문입니다. 하지만 철질운석은 분명 좀 더 작고 많은 행성에서 만들어졌으며 지구의 핵보다 훨씬 낮은 압력에서 형성되었을 것입니다.

핵의 조성에 대한 좀 더 그럴듯한 가설은 탄소질 콘드라이트carbonaceous chondrite로 알려진 운석에서 찾을 수 있습니다. 태양계에서 가장 오래된 물질이며 태양계 암석의 화학조성을 보여줄 수 있는 운석입니다. 탄소가 풍부한 모암 속에 규산염 광물을 함유하고 있습니다. 또한 약 30~40퍼센트의 철을 포함하는데 일부는 금속이고 일부는 산화물이나 황화물입니다. 마찬가지로 철은 니켈과 결합합니다. 그러나 측정 결과, 핵이 순수한 철-니켈 합금으로 이루어져 있다고 보기에는 핵의 밀도가 충분하지 않은 것으로 나타났습니다. 8~12퍼센트의 좀 더 가벼운 원소가 더 들어 있는 것으로 보이며, 그 원소는 철과 쉽게 결합하는 산소와 황일 가능성이 높습니다.

열원

액체 외핵의 맨틀대류는 지구의 고체 맨틀의 훨씬 느린 대류와 마찬가지로 엄청난 양의 열에너지를 사용해서 움직입니다. 지구의 전체 열 손실은 약 44.2테라와트로, 인류의 총 전력 소비량의 2배입니다. 손실 원인으로는 여러 가지가 있는데 그중 약 80퍼센트를 차지하는 원인은 칼륨-40과 토륨, 우라늄과 같은 원소의 방사성 붕괴입니다. 내핵이 얼면서 방출되는 숨은열 때문에 손실될 수도 있습니다. 또한 내핵에서 순수 결정체가 자라면서 내핵에 녹아 있는 규소와 황, 산소 같은 더 가벼운 원소가 배출된 후 맨틀 기반으로 가면서 중력에너지를 방출할 수 있습니다.

1936년
덴마크의 지구물리학자 잉게 레만이 단단한 내핵의 존재를 확인하기 위해 지진파를 사용

1946년
엘자서와 불라드가 자기장이 외핵의 전류로 인해 만들어진다고 주장

2010년
용해된 나트륨을 이용한 물리적 모형과 컴퓨터 모형으로 자기장 역전을 모의실험

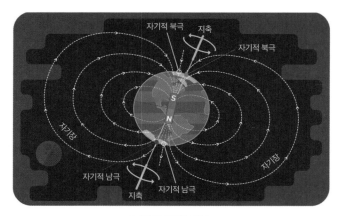

큰 막대자석 같은 지구

다이너모 이론

1905년 알베르트 아인슈타인Albert Einstein은 지구자기장의 기원을 물리학자들이 직면한 가장 큰 미해결 문제라고 보았습니다. 1946년경에 이르러서야 미국에서 연구 중이던 독일의 물리학자 발터 엘자서Walter Elsasser와 캠브리지대학교의 지구물리학자 에드워드 불라드Edward Bullard가 액체 외핵 내에 생성된 전류가 자기장을 만들어 낸다고 주장했습니다. 자기장을 유지하려면 녹아 있는 철이 스스로 맨틀대류에서 순환하고 있어야 합니다. 지구의 자전으로 인해 발생하는 코리올리효과Coriolis effect는 전류가 나선형으로 돌면서 자성을 발생시킵니다.

혼돈의 전류

나침반으로 항해를 하는 사람들에게 자기장의 방향은 지구의 정중앙에 막대자석이 박혀 있는 듯 일정합니다. 하지만 핵 속에서는 상황이 전혀 다릅니다. 지표면보다 약 300만 배가 높은 대기압과 섭씨 약 4,000도에서 녹은 철은 거의 물처럼 흐릅니다. 외핵의 맨틀대류는 대기의 폭풍과 다소 비슷한 양상으로 국지적인 소용돌이가 뒤얽혀 있습니다. 그 이상으로 격렬한 과잉 대류는 대부분 내핵의 영향을 받고, 맨틀 기반의 디 더블 프라임층(D″층)에 휩쓸린 철이 가로막아 약화됩니다. 그러나 일부 이상 대류가 방어막을 뚫고 나올 수 있습니다.

자기이상과 극역전

우주 과학자들은 남서대서양을 버뮤다삼각지대로 부르고 있습니다. 이 지역 위를 날아가는 인공위성은 장비 이상을 일으키는 사례가 많았습니다. 그곳에서는 자기장의 강도가 극지방의 절반인 거대한 자기이상이 천천히 서쪽으로 표류하고 있기 때문인 것으로 볼 수 있습니다. 그 결과, 우주의 하전입자가 인공위성이 자리한 낮은 궤도까지 도달해 인공위성에 손상을 일으킵니다.

어쩌면 남서대서양의 자기이상은 무언가 더 큰 사건을 예고하는 첫 신호일지도 모릅니다. 지구자기장의 세기는 지난 180년 동안 약해지고 있습니다. 어쩌면 현재 자기장이 완전히 역전될지도 모릅니다. 자기화된 화산암을 살펴보면 과거에도 평균 30만 년에 한 번씩 여러 번 역전이 일어났다는 사실을 알 수 있습니다. 하지만 마지막으로 완전한 역전이 일어난 이후로 이미 80만 년이 흘렀고, 현재 얼마나 빠르게 역전이 일어나고 있으며 역전이 일어나는 동안 지구의 자기 보호막과 항법장치에 어떤 영향이 미칠지 확신할 수 없습니다.

자기장 우산

우주는 행성에게 위험한 장소입니다. 우주선cosmic ray과 태양에서 불어오는 하전입자 바람은 끊임없이 지구를 폭격합니다. 그럼에도 전자장비가 폭발하거나 인간의 유전자를 돌연변이로 만들지 않는 이유는 자기장 덕분입니다. 자기장은 지구가 태양 주위를 돌 때 지구 주위에 거대한 우산을 형성합니다. 일부 하전입자는 밴앨런복사대Van Allen radiation belt에 갇힙니다. 자기장을 따라 흘러가는 다른 하전입자들은 막을 형성하면서 북극광과 남극광의 오로라를 만들기도 합니다. 하지만 대부분 우리를 피해 지나가며 해를 입히지 않습니다.

알아 두면 쓸모 있는 1분지식

010

맨틀대류

대륙은 어떤 원리로 움직이는 걸까?

지구의 맨틀은 단단한 암석이지만 매우 뜨거우며 높은 압력을 받고 있습니다. 지질학적 규모의 시간척도에서 맨틀은 빙하의 얼음처럼 흐를 수 있습니다. 지구 깊은 곳의 열은 끈적한 죽이 담긴 냄비가 부글거리듯 맨틀대류를 일으킵니다. 대류는 지진과 화산을 일으키고 대륙을 표류하게 만드는 힘입니다.

맨틀은 지구의 온도조절기

맨틀이 단단하고 딱딱하기만 했다면 지구의 온도조절에는 문제가 발생했을 것입니다. 방사성 붕괴로 인해 발생한 모든 여분의 열이 빠져나갈 때 암석은 강력한 절연체 역할을 합니다. 다행히도 지구의 온도를 조절하기 위해 맨틀 암석은 천천히 움직이면서 열을 지각과 지각 너머로 전달합니다. 온도와 압력 사이의 끝나지 않는 싸움인 셈입니다. 깊은 맨틀 속에서 가열된 암석들은 팽창하고 밀도가 낮아지면서 수백만 년에 걸쳐 위로 떠오르기 시작합니다.

10억 년에 걸친 맨틀대류의 순환 주기

- 2억 년	- 1,000년	현재
뜨거운 암석 상승류가 맨틀 기반에서 올라오기 시작	120킬로미터 아래에서 용융이 시작되면서 용융물질의 상승 가속	마그마가 새로운 해양지각을 형성하면서 대양중앙해령을 따라 분출

맨틀의 순환

조성이 서로 다른 대류맨틀의 순환을, 지진파로 밝혀진 명확한 층 구조와 일치시키는 작업은 지구물리학에서 가장 중요한 문제로 손꼽힙니다. 그 결과, 전체 맨틀이 하나의 순환 주기로 대류한다는 주장과 지하 660킬로미터의 상부, 하부 맨틀 사이를 가로지는 경계에서 교환이 거의 또는 아예 이루어지지 않는다는 일종의 이중 보일러 발상을 선호하는 주장 간에 논쟁이 이어졌습니다. 아마도 두 이론을 종합해야 실제 상황을 설명할 수 있을 것입니다.

상부 맨틀에 직접 가볼 수는 없지만, 화산 분출에 휩쓸려 올라온 맨틀의 작은 덩어리나 균열로 인해 가끔 모습을 드러내는 좀 더 큰 판은 관찰할 수 있습니다. 맨틀은 밀도 높은 녹색 감람석과 다른 광물을 함유한 감람암으로 이루어져 있어 단단한 녹색 설탕 같은 모습을 하고 있습니다. 맨틀의 층을 이해하기 위해 과학자들은 작은 감람암 표본을 고압 실험장비인 다이아몬드 앤빌셀diamond anvil cell에 넣었습니다.

깊은 맨틀의 압력과 온도는 상상하기 힘들 정도로 높기 때문에 모의실험을 진행하기 어렵습니다. 연구자들은 인간에게 가장 단단한 물질로 알려진 다이아몬드를 사용해 그 문제를 해결했습니다. 다이아몬드 앤빌셀은 비싸기는 하지만 작고 간단합니다. 장치의 중앙에는 두 조각의 다이아몬드가 있으며, 양쪽의 작은 다이아몬드 면 사이에 놓인 미세한 표본에 압력을 가하는 방식으로 작동합니다. 게다가 다이아몬드는 투명하기 때문에 레이저로 표본을 가열할 수 있고 현미경으로 실험 과정을 지켜볼 수 있습니다. 다이아몬드가 부서질 수 있지만 광물 표본이 맨틀에서와 같은 고밀도

+ 1.4억 년
차가워진 해양 암석권의 판이 맨틀 속으로 다시 하강 시작

+ 2억 년
판은 660킬로미터에 도달해 정지하고 광물 결정은 고밀도 상태로 상변화

+ 5억 년
밀도 높은 판이 하부 맨틀을 뚫고 들어가 핵-맨틀 경계로 빠르게 하강

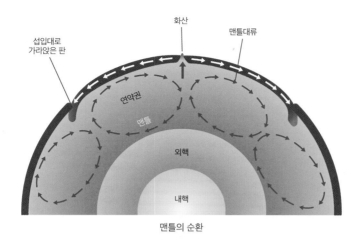

형태로 상변화하면서 균열이 발생할 가능성이 더 높습니다.

상변화

다이아몬드 앤빌셀의 온도와 압력을 상부 맨틀과 하부 맨틀의 경계에서와 유사한 상태로 증가시키면 잠시 후 갑자기 균열이 발생합니다. 운이 좋다면 다이아몬드가 부서지지 않고도 감람암 속 광물이 갑자기 상변화를 일으키면서 새로운 고밀도 결정구조를 갖게 될 수 있습니다. 페로브스카이트perovskite라는 이름의 이 새로운 광물은 감람암과 조성은 다르지 않지만 물리적 특성이 전혀 다르며, 상부 맨틀 기반에서 지진파를 반사하는 층과 같은 특징을 보입니다. 이 광물은 약 410킬로미터와 520킬로미터에서 서로 다른 상변화를 거치는데, 각 깊이는 반사층과 일치합니다.

열점

대서양중앙해령 근처와 같은 해양 화산에서 분출되는 마그마는 원래 만들어진 맨틀 암석과 조성이 매우 다릅니다. 따뜻한 맨틀 상승류는 위로 올라오는 과정에서 압력이 떨어지면서 녹기 시작합니다. 하지만 일반적으로 약 10~12퍼센트 정도의 극히 일부만 녹습니다. 녹은 물질은 스펀지가 머금은 물처럼 맨틀 암석 알갱이 사이로 스며들어 표면 근처의 마그마굄magma chamber(맨틀의 윗부분과 지각의 아랫부분에 존재하는 암석 조각과 휘발성 물질이 포함된 높은 온도에서 녹는 용암이 고여 열에너지를 공급하는 상태)으로 새어나가기도 합니다. 그중 현무암 조성을 가지고 있는 녹은 물질은 새로운 해양지각을 형성합니다. 좀 더 단단한 남은 암석 방울들은 아래의 맨틀 암석권의 일부로 밀려나갑니다.

습점

보통 마그마는 맨틀 상승류가 뜨거울수록 많이 형성됩니다. 하지만 예외가 있습니다. 예를 들어 아조레스제도Azores Islands를 만든 대서양중앙해령의 일부 지역은 다른 해령지역보다 더 많은 마그마를 만들지만 온도가 낮습니다. 이 현상은 해당 지역의 높은 습도로 설명할 수 있습니다. 맨틀 광물은 결정구조에 적어도 1퍼센트의 물을 함유할 수 있는데, 이는 맨틀을 가로질러 몇몇 해양 같은 물 저장고에 추가됩니다. 물은 점도를 감소시키기 때문에 맨틀 상승류가 원활하게 상승할 수 있도록 돕습니다. 또한 더 깊은 깊이에서 용융을 일으키기 때문에 온도가 낮음에도 불구하고 전체적으로 더 많은 마그마를 만들어낼 수 있습니다. 물의 일부는 아마도 원시 맨틀 형성의 잔재일 것이며, 일부는 고대 해양 암석권이 섭입攝入, subduction(지구의 표층을 이루는 판이 서로 충돌하여 한쪽이 다른 쪽의 밑으로 들어가는 현상)할 때 맨틀 아래로 끌려 내려갔을 것입니다.

거대상승류

화산 폭발은 지구에
어떤 변화를 가져왔을까?

일부 평범한 화산 폭발은 상부 맨틀에만 뿌리를 두고 있을 수 있습니다. 하지만 아주 이따금씩 핵과 맨틀 경계에서 굉장히 큰 규모로 화산이 폭발합니다. 이럴 때는 어마어마한 용암을 뿜어내며 대륙 전체를 들어 올리고 때로는 갈라놓기도 합니다. 이것을 거대상승류superplume라 합니다.

지금으로부터 약 1억 2천만 년 전에 지금의 서태평양 지역에서 엄청난 일이 일어났습니다. 모든 화산의 규모와 힘은 항상 극적이지만, 백악기 초기에 일어났던 이 화산 폭발은 아직 활동 중인 어떤 화산에도 비할 수 없는 수준이었습니다. 심지어 6,500만 년 전에 인도아대륙을 분리시키고 데칸용암대지Deccan Traps를 만들어 공룡의 멸종에 기여했을 것으로 추정되는 대륙성 범람현무암flood basalt의 거대한 화산 폭발조차도 당시의 폭발에 비하면 하찮은 수준입니다.

거대상승류 분출(분출한 현무암의 대략적인 부피)

2억 5,100만 년 전	2억 년 전	1억 8,300만 년 전	1억 2,500만~1억 2천만 년 전
시베리아용암대지(러시아): 100~400만 세제곱킬로미터	대서양 중앙: 해양이 열리기 시작하면서 거대한 분출 발생	카루고원(남아프리카)와 페라고원(남극): 2,500만 세제곱킬로미터	온통자바 고원: 1억 세제곱킬로미터

해저에서 가장 큰 고원

백악기의 폭발은 약 1억 2,500만 년 전에 해저에서 시작되었습니다. 화산 꼭대기에서 백만 년 동안 약 3,500만 세제곱킬로미터의 현무암이 만들어졌는데, 이 속도는 해양지각이 생성되는 평균 속도의 2배에 이릅니다. 화산이 끝난 자리에는 온통 자바고원Ontong Java Plateau이 남았습니다. 태평양 적도 인근 솔로몬제도 동쪽에 위치한 이 고원은 약 200만 제곱킬로미터의 해저를 뒤덮었으며 두께는 최대 30킬로미터입니다. 지금은 분리되었지만 마니히키고원Manihiki Plateau과 히쿠랑기고원Hikurangi Plateau은 한때 화산 폭발 지역의 일부였습니다. 두 고원은 모두 약 1억 세제곱킬로미터에 해당하는 현무암 마그마로 이루어져 있습니다. 이 폭발에 대한 가장 그럴듯한 설명은 뜨거운 암석의 거대상승류가 맨틀 기반에서 올라와 암석권 아래에서 거대한 버섯구름처럼 퍼져 나갔고, 같은 시기에 있었던 많은 화산 열점을 자극했다는 것입니다.

거대상승류와 석유

백악기 거대상승류로 인한 결과 중 일부는 아직까지도 전 세계에서 확인할 수 있습니다. 첫 번째는 지구의 해수면이 약 250미터나 크게 상승했을 것이라는 점입니다. 엄청난 양의 현무암 분출로 인한 단순한 이동이 원인입니다. 상승하는 거대상승류 위에 자리한 지역 전체의 융기 역시 한 원인일 수 있습니다. 해수면 상승으로 인해 대륙의 저지대 전체에는 방대한 천해淺海, shallow sea(수심이 대략 130~200미터 정도로 낮은 바다)가 형성되었습니다. 깊은 바다와 달리 천해는 수압이 수면으로부터 가라앉은 플

1억 3,900만 년 전
카리브해 화산암지대:
400만 세제곱킬로미터

6,500만 년 전
데칸용암대지(인도):
51만 2,000 세제곱킬로미터

6,100만, 5,600만 년 전
북대서양:
200만 세제곱킬로미터

1,700만~1,400만 년 전
콜롬비아강과
스네이크강 현무암(미국):
17만 5,000 세제곱킬로미터

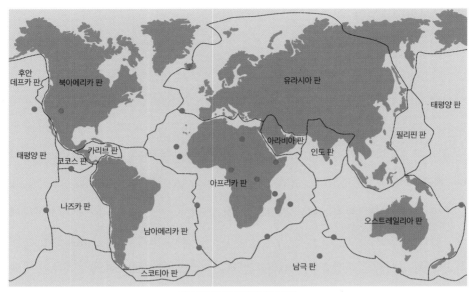

지구의 주요 판 경계와 화산 열점

랑크톤의 방해석 골격을 녹일 만큼 충분히 깊지 않았습니다. 그래서 백악과 석회암의 두꺼운 퇴적물이 쌓여서 도버Dover의 하얀 백악 절벽 같은 독특한 암석 지형을 만들었습니다. 또한 좀 더 깊은 무산소수에 유기탄소가 축적되었고, 축적된 탄소는 결국 숙성되어 우리가 오늘날 사용하는 양의 50퍼센트가 넘는 석유 매장량을 보유하게 되었습니다.

현재 존재하는 탄소의 대부분은 백악기의 백악질에서 발견할 수 있고 석유 역시 거대상승류 폭발에서 기원했을 것으로 보입니다. 폭발 후 대기 중 이산화탄소는 10배까지 증가했고 그로 인해 기온 역시 섭씨 10도 정도 상승했습니다. 그러나 역설적으로 우리는 백악기의 석유를 사용함으로써 지구를 백악기의 기후조건으로 되돌리고 있습니다.

다음 거대상승류

백악기 이후로 지구에는 거대상승류 규모의 분출이 발생하지 않았지만 언젠가 다시 발생하진 않을까요? 언젠가는 반드시 발생할 것입니다. 지구의 지진파 스캔 결과에 따르면 약 1,000킬로미터 깊이에 뜨거운 맨틀 물질의 상승류 2개가 잠재적으로 분출을 일으킬 만큼 충분히 큽니다. 하나는 남태평양 아래에, 다른 하나는 아프리카대륙 아래에 있습니다. 남태평양 상승류는 백악기 거대상승류의 오래된 잔재일지 모릅니다. 활동 시기가 이미 끝났을 가능성이 있다는 뜻입니다.

아프리카 거대상승류는 아프리카대륙의 오래된 땅 대부분이 그렇듯 차가운 물질을 가지고 이동하는 것으로 보이며 진행이 멈추었을 수 있습니다. 하지만 아직 빠져 나올 길을 찾고 있을 가능성도 있습니다. 거대상승류에서 갈라져 나온 일부 상승류는 동아프리카열곡대 아래에서 분출해 아프리카대륙을 분열시키고 있는 것으로 보입니다. 아마도 언젠가는 이 상승류로 인해 새로운 바다가 만들어질지도 모릅니다.

로저 라슨과 거대상승류

미국의 지구물리학자 로저 라슨Roger Larson(1943~2006)은 '해저지각시추프로그램'의 선구자입니다. 서태평양에서 가장 오래된 쥐라기의 해양지각을 찾고 있던 로저는 온통 자바 고원과 이어진 거대한 백악기 현무암 아래에서 지각을 발견했습니다. 그는 분출된 암석의 양을 계산한 뒤 약 1억 2천만 년 전 당시의 분출이 그때까지 발견된 어떤 경우와도 비교할 수 없을 만큼 거대했다는 사실을 깨달았습니다. 그는 폭발을 일으킨 맨틀 현상에 '거대상승류'라는 이름을 붙였고, 이 거대상승류가 어떤 과정을 거쳐 해수면을 상승시키고 온도를 높여 기후를 따뜻하게 만들 정도로 많은 이산화탄소를 생성했는지를 밝혔습니다.

지각과 대륙

대륙이 지구 표면에 쌓인 폐기물이라고?

지구 표면은 차갑고 단단한 암석, 즉 지각이라는 상대적으로 얇은 판으로 덮여 있습니다. 지각은 인류를 지탱하며 인간의 문명을 위한 모든 원료를 제공합니다. 때로는 지구와 공기, 물 사이에 맹렬한 접점을 만들며 우리의 발아래 깊은 곳에서 일어나는 현상을 표면으로 드러내기도 합니다.

지구에는 방대하고 푸른 바다와 대륙을 구성하고 있는 암석지대가 있습니다. 두 지역은 지구의 지각이 만들어낼 수 있는 매우 다른 두 가지 형태입니다.

젊은 해양지각 나이 든 대륙지각

해양지각은 보통 두께가 7킬로미터밖에 안 되며, 거의 대부분 얇은 퇴적물이 깔린 화산 현무암으로 이루어져 있습니다. 지리학적으로 모든 해양지각은 2억 년이 채 되지 않을 만큼 젊습니다. 반대로 대륙지각은 엉망입니다. 고철 압축기에 짓눌려 뒤엉킨 재활용 금속들처럼 대륙의 암석층은 짓눌리고 접히고 구부러지고 뒤틀려 있습니

다트무어 융기

3억 1천만 년 전	3억 9백만 년 전	2억 년 전
지각 내 깊은 곳의 부분 용융으로 화강암질 마그마 형성	주변 암석을 뚫고 올라온 화강암이 저반 형성	수축과 열수유체로 화강암과 퇴적 광맥의 균열 발생

다. 대륙은 지구 표면에 쌓인 폐기물입니다. 대륙의 중심부는 최대 40억 년으로 아주 오래된 것일 수 있습니다. 그 주변에는 침식과 퇴적, 화산 폭발, 대륙의 충돌로 인한 잔해가 쌓여 있습니다.

　　결국 해양지각과 대륙지각은 모두 맨틀 암석의 부분 용융으로 인해 탄생합니다. 그러나 해양지각은 규산마그네슘과 철을 더 많이 함유하고 있기 때문에 좀 더 색이 어둡고 밀도가 높습니다. 해양지각은 밀도가 높기 때문에 충분히 냉각되면 다시 맨틀로 가라앉을 수 있습니다. 하지만 대륙지각은 물 위에 뜬 코르크처럼 가라앉지 않습니다. 대륙지각은 알루미늄같이 원소의 밀도가 낮은 규산염을 함유하며, 적어도 위쪽 절반은 화강암의 평균 조성과 비슷합니다. 대륙의 아래쪽 부분은 그보다는 알려진 바가 적지만, 현무암과 화학 조성이 비슷하다는 사실이 밝혀졌습니다.

대륙의 성장

캐나다와 그린란드, 오스트레일리아, 남아프리카공화국에는 30억 년이 넘는 오래된 암석이 있지만 대부분의 대륙 물질은 그보다 젊습니다. 그 이유는 형성이 아닌 보존 속도 때문인 것으로 보입니다. 대륙이 성장하는 방법에는 몇 가지가 있습니다. 대륙 아래에서 상승하기 시작했지만 대륙을 뚫고 올라올 힘이 부족한 맨틀 상승류는, 현무암층을 형성하면서 대륙 아래에 깔립니다. 축축한 해양지각이 대륙지각 아래로 가라앉는다면, 물이 부분 용융을 도와 안데스산맥과 미국 북서쪽의 화산 같은 화산지대를 만듭니다. 이러한 과정에서 형성되는 화산 암석을 안산암이라 합니다. 퇴적물

4,000만 년 전	200만 년 전	현재
주변 암석 침식, 열대기후로 인해 화강암의 화학적 풍화 가속	빙하기로 화강암이 물리적으로 풍화되어 둥근 덩어리 형성. 얼음이 주변 토양을 벗겨냄	암괴 위에 화강암의 둥근 덩어리가 장관을 이루는 지형 형성

의 형태로 재활용된 대륙 물질은 대륙 가장자리를 따라 쌓입니다. 하지만 대륙 상부 지각에서 전체의 80퍼센트를 차지하는 가장 흔한 암석은 화강암입니다.

화강암의 융기

화강암은 대륙지각 내 깊은 곳의 암석이 부분적으로 용융되면서 형성됩니다. 용융은 맨틀 상승류의 열기로 인해 또는 대륙 아래에서 판을 이루고 있는 뜨거운 현무암층과의 접촉으로 인해 발생할 수 있습니다. 현무암은 이산화규소(석영)가 풍부해서 아주 끈적끈적하거나 점성이 있습니다. 지금까지 과학자들은 모든 대륙에서 발견되는 화강암의 거대한 돔형 구조가 주변 암석을 뚫고 천천히 올라오는 데 수백만 년이 걸렸다고 생각했습니다. 그러나 지금은 그렇지 않을 수 있다는 의견이 있습니다. 화강암이 형성될 때 가장 먼저 녹는 광물은 가장 많은 물을 함유하고 있는 것입니다. 수분은 용융을 원활하게 하고 광물을 훨씬 묽게 만들어서 비교적 작은 틈새로도 많은 양의 광물이 스며들 수 있게 돕습니다. 그 결과, 화강암 관입貫入, intrusion(마그마가 주변의 암석을 뚫고 들어가는 일)이 수백만 년이 아니라 수천 년이라는 지질학적으로 짧은 시간 척도에서 일어날 수 있다고 보고 있습니다.

화강암은 얕은 지각을 뚫고 들어가 저반底盤, batholith(지표면에 드러난 넓이가 100제곱킬로미터 이상인 심성암체)이라고 하는 거대한 돔 구조를 형성합니다. 저반은 매우 크기 때문에 그 안의 화강암은 천천히 식으면서 커다란 광물 결정을 만들 수 있습니다. 이렇게 결정이 큰 화강암은 장식용 건축 돌로 사용됩니다. 영국 데번의 다트무어와 컴브리아의 샤프 언덕에서 유명한 화강암을 얻을 수 있고, 그 밖에도 세계 전역에 거대한 화강암지대가 있습니다. 페루의 해안지역에는 1,400킬로미터 길이의 저반이 있습니다.

대륙 형성에서 물의 역할

화강암이 형성될 때 축축한 광물이 먼저 용융되는 과정은 상부 맨틀에서 현무암을

다트무어 화강암지대(포긴터 채석장)

생성하는 과정과 비슷하기 때문에 대륙의 뿌리에는 건조하고 단단하고 잘 융해되지 않는 암석만 남습니다. 결과적으로 대륙의 기반은 맨틀 깊은 곳까지 이어집니다. 대륙은 물 위에 떠 있는 빙산처럼 눈에 보이는 윗부분보다 땅 아랫부분이 더 큰 모양인데 산이 높을수록 바닥도 깊습니다. 따라서 물이 있는 곳은 어디든 화강암과 같은 대륙 암석이 형성될 수 있습니다. 메마른 금성과는 달리 바다가 있는 지구에는 대륙이 있습니다. 지각 변동이 활발한 행성은 절대 물로 완전히 뒤덮일 수 없습니다. 물이 있다면 물 위로 솟아오른 대륙이 있을 것이기 때문입니다.

현무암

현무암은 지구의 지각뿐만 아니라 다른 암석질 행성에서도 가장 풍부한 암석입니다. 현무암은 바다 아래 해양지각의 대부분을 구성하며 대륙의 밑판을 이룹니다. 상부 맨틀의 암석이 부분적으로 녹으면서 형성되는데 사장석, 휘석과 약 50퍼센트의 석영 혼합물로 구성되어 있습니다. 현무암은 짙은 자철석을 함유해 검은색에 가깝습니다. 주로 바다 밑에서 발생한 화산 폭발로 인해 급격한 냉각 과정을 거치기 때문에 세립질입니다. 현무암과 조성이 비슷하지만 조립질 암석인 반려암은 해양지각 기반에서 발견되거나 판 형태로 다른 암석에 주입되기 때문에 더 느리게 식으면서 거친 조립질 결정을 갖습니다.

판구조론

지구의 대륙은 원래 모두 붙어 있었다?

20세기에 들어서 지구에 대한 우리의 생각을 완전히 바꿔준 이론을 하나 꼽으면 바로 판구조론plate tectonic입니다. 판구조론은 단순히 대륙이 지구의 표면을 표류한다는 발상을 넘어서 대륙이 어떻게, 왜 이동하는지 설명할 수 있는 완벽한 이론입니다.

조각 맞추기

18세기에 꽤 정확한 세계지도가 등장하자 사람들은 서아프리카 해안과 남아메리카의 동쪽 해안의 모양이 비슷하다는 사실에 주목했습니다. 하지만 인간의 시간 척도로 볼 때 암석은 너무 단단하고 대륙은 방대하기 때문에 한때 두 대륙이 연결되어 있다가 갈라졌다는 발상은 우스꽝스럽게 여겨졌습니다. 대륙이 이동한 것이 아니라 지구 전체가 팽창했다는 가설 정도만 존재할 뿐이었습니다.

18세기
바다 양쪽 끝에 있는 대륙 모양의 유사성을 보여준 최초의 정확한 대서양 지도

1858년
안토니오 스니데르 펠레그리니가 아메리카대륙과 아프리카대륙의 유사성 발견

1912년
알프레드 베게너가 대륙이동설 주장

1927년
알렉산더 두토이가 남아프리카와 남아메리카의 암석이 일치하는 것을 확인

대륙 이동

20세기가 되어서야 알프레드 베게너Alfred Wegener를 포함한 몇몇 지질학자들이 대륙의 이동 가능성을 심각하게 고려하기 시작했습니다. 그러나 여전히 소수의 의견이었습니다. 당시에는 일반적으로 맨틀이 너무 단단해서 대륙이 바다 위의 거대한 배처럼 맨틀을 가르며 떠다닐 수 없다고 이해하고 있었습니다.

1944년 위대한 영국의 지질학자 아서 홈즈는 그의 고전적인 교과서『물리지질학의 원리The Principles of Physical Geology』에서 맨틀은 단단하지만 지질학적 시간척도로 보면 이동할 수 있으며, 맨틀대류의 흐름에 의해 대륙이 운반될 수 있다는 대륙이동의 원리를 제안했습니다. 또한 남아프리카공화국의 알렉산더 두토이Alexander du Toit는 대서양 전반의 지질학적 구조가 두 조각으로 찢은 종이처럼 정확하게 들어맞는다는 사실을 증명했습니다. 화석의 흔적 역시 두 대륙이 한때 가깝게 붙어 있었음을 보여주었습니다. 그럼에도 여전히 대륙이동설은 널리 받아들여지지 않았습니다.

1957년의 국제지구물리관측년 해양학 조사로 지구 전반에 테니스공의 이음매처럼 대양중앙해령이 지나간다는 사실이 밝혀진 후로 상황이 달라지기 시작했습니다 (66쪽 〈해저확장설〉 참고). 같은 시기에 다수의 지진을 표시한 지도를 통해 진원이 선을 따라 때로는 대륙 가장자리를 따라 밀집되어 있다는 사실이 밝혀졌습니다. 지진이 발생한 지역을 표시한 선은 지구 표면을 감싸는 단단한 판들의 경계를 나타내고 있는 것 같았습니다.

1944년
아서 홈즈가 맨틀대류로 인한 대륙이동 주장

1960년
해리 헤스가 대양중앙해령을 따라 새로운 해저가 형성되었다고 주장

1963년
프레더릭 바인과 드러먼드 매튜스가 해저 확장의 자기적 증거 발표

1965년
존 투조 윌슨과 제이슨 모건, 댄 맥켄지가 판구조론 정립

판구조론

지구에는 복잡한 연결부를 따라 작은 조각들이 있고 7개의 거대한 판과 다른 몇 개의 중요한 판들이 있습니다. 모든 대륙의 가장자리가 판의 경계인 것은 아닙니다. 예를 들어 아프리카판은 서쪽으로는 대서양중앙해령까지, 동쪽으로는 인도양까지 뻗어 있습니다. 판은 지각보다 깊이 들어가 맨틀 윗부분의 단단한 암석권까지 확장됩니다. 맨틀은 보통 해양판 아래에서 두께가 100킬로미터이지만, 대양중앙해령에서는 거의 존재하지 않을 정도로 얇아집니다. 강괴剛塊, craton(선캄브리아기에 지각변동이 있은 후 현세까지 심한 변동 없이 안정되어 있는 지괴) 또는 고대 대륙의 내부 아래로 내려가면 판의 두께는 약 300킬로미터에 이릅니다. 암석권 기저와 지각판의 기저는 경계가 명확하게 구분되지 않는 경우도 있습니다. 이 경우 모호 불연속면처럼 지진파를 반사하는 돌발 경계가 확인되지 않기 때문에 단단하고 부서지기 쉬운 암석이 그 아래 연약권의 좀 더 무르고 점성이 있는 암석으로 점차 변화하는 것으로 보입니다.

하나의 대륙(판게아)

시간에 따른 판의 이동 흔적을 거슬러 올라가면 지금과는 매우 다른 세계지도를 얻을 수 있습니다. 남쪽 대륙은 한데 모여 곤드와나대륙이라는 땅덩어리를 형성하고 북아메리카대륙은 유럽, 아시아와 합쳐져 로라시아대륙을 이룹니다. 테티스해는 두 대륙을 가르며 대서양 동쪽 바다를 차지하고 있습니다. 1912년 베게너는 이러한 구조의 초대륙, 즉 판게아Pangaea를 제안했습니다.

대륙의 이동 방향

대륙의 시간에 따른 이동 방향은 암석 내에 고정된 자성으로 추적할 수 있습니다. 예를 들어, 자성입자는 지구의 자기장을 따라 정렬하고 녹은 마그마가 식는 현상과 같은 조건에서 암석 내에 고정됩니다. 앞에서 살펴보았듯이 지구의 자기장은 때때로

역전되기는 했지만 거의 지구의 자전축을 따라 유지되었기 때문에 지질학자들은 암석이 형성된 시기에 특정 대륙에서 북쪽의 위치를 알 수 있습니다. 이를 이용해 연속한 층의 자기 방향성을 기록하여 극이동 곡선을 만들 수 있습니다. 곡선을 보면 이따금 서로 다른 대륙의 암석이 특정 시대에 자기 정렬 상태가 되는데, 이 특성을 이용해 대륙이 하나로 연결되

초대륙 판게아

었던 시기를 확인할 수 있습니다. 아프리카와 남아메리카를 예로 들면 두 대륙은 약 1억 9천만 년 전인 쥐라기 초기에 하나로 연결되었습니다.

대륙의 왈츠

극이동 곡선을 통해 선캄브리아기까지 거슬러 올라가는 대륙의 이동 경로를 추적할 수 있습니다. 대륙은 무대 위에서 특정 안무를 반복하듯 수억 년이라는 시간 동안 하나로 연결되었다가 분리되었습니다. 이 주기를 존 투조 윌슨J. Tuzo Wilson의 이름을 따 윌슨 주기Wilson cycle라고 합니다.

각 주기에서 대륙들은 약간씩 모양이 다릅니다. 때로는 대륙이 갈라지기도 하고 때로는 서로 충돌하면서 충돌 지역에 거대한 산맥을 만들어내기도 합니다. 인도대륙은 아시아대륙과 충돌해서 히말라야산맥을 만들어낼 때까지 1억 년 동안 테티스해를 가로질러야 했습니다. 아프리카는 지금의 알프스산맥이 있는 유럽 쪽으로 방향을 바꾸었고, 스페인은 프랑스 쪽으로 올라가 피네레산맥에 붙었습니다.

해저확장설

지구에서 가장 긴 산맥은 바다 밑에 있다?

바다는 지구 표면의 70퍼센트 이상을 뒤덮고 있습니다. 우리는 바닷가에 집을 짓고 수영을 하고 잠수도 하며 물고기를 잡습니다. 하지만 햇빛이 통과할 수 있는 수십 미터 깊이 이상으로 내려가 본 사람은 거의 없습니다. 그 너머에는 우리 행성이 어떻게 작동하는지에 단서를 품은 채 탐험을 기다리는 세계가 있습니다.

외해open ocean는 평균 깊이가 4킬로미터입니다. 19세기 중반에 최초의 대서양 횡단 전신케이블을 설치하기 위해 선박을 이용한 북대서양 탐사가 시작되었습니다. 선박은 중간 부분에서 심해저평원 위로 2천 미터가 넘는 산맥을 발견했습니다. 산맥의 열곡을 사이에 두고 이중 능선을 이루고 있는 것 같았습니다.

지구에서 가장 긴 산맥

미국과 영국 해군은 해저에서 잠수함이 모습을 감출 수 있는 위치를 조사하기 시작한 1950년대에 들어선 후에야 대양중앙해령(각 대양의 중앙 부근에 있는 해저 산맥)의 전체

대서양 형성

1억 8천만 년 전
북아메리카대륙이 유럽과 서아프리카대륙에서 갈라지기 시작

1억 2천만 년 전
대서양 남쪽이 열리기 시작

6,300만 년 전
그린란드가 유럽에서 완전히 분리되면서 스코틀랜드 북서쪽에서 화산 발생

길이를 확인했습니다. 당시 조사 선박은 수중 음파탐지기를 갖추고 있었습니다. 덕분에 배 옆으로 무게 추를 내리는 방법보다 훨씬 빠르게 깊이를 측정할 수 있었습니다. 음파탐지기를 이용해 해령이 인도양을 지나 태평양을 가로질러 대서양의 정중앙을 지난다는 사실을 발견했습니다. 테니스공의 이음매처럼 지구를 구불구불 지나가는 해령은 길이가 7만 킬로미터에 이르는 지구상에서 가장 긴 산맥이었습니다.

지각 생성

대서양중앙해령이 양쪽으로 2천 킬로미터 떨어진 해안선의 모양과 일치하는 형태로 정확히 바다 한가운데를 가로지른다는 사실은 우연이라고 보기 어렵습니다. 그 후 1960년 지질학자이자 전 미해군 대령인 해리 헤스Harry Hess는 대서양이 넓어지고 양쪽 끝에 자리한 대륙이 갈라질 때 대양중앙해령이 새로운 해양지각의 근원이 된다는 명확한 결론을 내렸습니다.

자기 띠

증거를 찾는 작업은 케임브리지대학교의 과학자 프레더릭 바인Frederick Vine과 드러먼드 매튜스Drumond Matthews에게 맡겨졌습니다. 두 과학자는 민감한 자력계를 끌고 대서양중앙해령을 가로지르며 바다 아래 화산암에 갇힌 자기장을 지도로 제작했습니다. 지구의 자기장은 수십만 년마다 한 번씩 역전되는데, 두 과학자는 해령 양쪽 끝에 자리한 암석에서 정상 자기화와 역자기화 띠가 번갈아 나타나는 줄무늬를 발견

5,600만 년 전
해양지각 아래로 주입된 마그마가 북대서양 일부 지역에서 융기해서 육지 형성

200만 년 전
대양중앙해령의 맨틀 상승류가 아이슬란드를 형성하기 시작

현재
약 4천 킬로미터 너비의 대서양이 1년에 3~4센티미터씩 확장

했습니다. 자기띠는 서로를 비추는 거울처럼 암석이 해령에서 멀어지면서 점진적으로 연대가 올라가는 형태였습니다. 두 과학자의 발견은 결국 대륙이동설에 회의적이던 사람들조차 확신하게 했고 판구조론을 탄생시키는 증거가 되었습니다.

대양중앙해령의 구조

해령 아래에서는 뜨거운 맨틀 암석이 상승하고 있습니다. 약 100킬로미터 깊이에서는 그중 일부가 용해되어 상승하면서 새로운 해양지각의 현무암을 형성합니다. 해령을 따라 발생하는 분출은 거대한 치약 튜브 속 뻑뻑한 검은 치약처럼 침상현무암이 틈새를 따라 흐르는 형태로 상당히 완만하게 진행됩니다. 분출은 해령 중앙 아래로 이어진 균열을 따라 일어납니다. 양쪽 끝의 해저산맥은 위쪽으로 들어 올려집니다. 그 이유는 아래에서 상승한 뜨거운 맨틀로 인한 융기 때문이기도 하고 그 자체로 아직 뜨겁기 때문이기도 합니다. 양 옆으로 밀려난 암석은 냉각과 수축, 하강을 거치며 해저를 다시 원래 깊이로 되돌려 놓습니다. 울퉁불퉁한 지구 표면을 따라 똑바로 선을 긋는 것은 어렵기 때문에, 해령의 선을 따라 수많은 지맥과 변환단층이 발견되곤 합니다.

맨틀에서 상승한 마그마가 새로운 대양중앙해령을 따라 해양지각을 생성합니다. 새로운 지각과 그 아래 단단한 맨틀 암석권은 좀 더 무른 연약권 위에 자리한 해령에서 바깥쪽으로 이동합니다.

열수구

새로운 해양지각의 공극이나 틈새를 통해 상당한 양의 물이 흘러들어갑니다. 암석을 통과하던 물은 가열되어 광물을 녹이고 해저의 열수구(따뜻한 물 또는 섭씨 270~380도 되는 뜨거운 물이 수킬로미터의 바다 밑의 지각으로부터 스며 나오는 곳)를 통해 뿜어져 나오기도 합니다. 광물이 풍부한 물은 물속에서 검은 연기구름처럼 생긴 황화물을 만들어내며 열수

구 주변에 단단한 굴뚝을 형
성합니다. 이는 블랙스모커
black smoke로도 알려져 있습
니다. 물은 최대 섭씨 350도
까지 올라갈 수 있지만 열수
구의 압력 때문에 끓어오르
지 않습니다. 황화물을 먹고

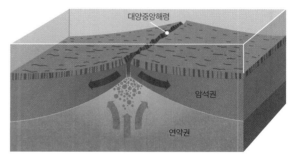

대양중앙해령 형성 과정

사는 박테리아를 비롯해 그보다 큰 생명체들은 화학에너지를 이용해 위험한 생활을
성공적으로 이어갑니다.

진짜 아틀란티스 대륙

아이슬란드는 맨틀 상승류가 대서양중앙해령과 맞닿는 곳에 있습니다. 5,600만 년
전 북대서양이 열리면서 이 위치에서 활동을 개시한 맨틀 상승류가 솟구쳐 올랐기
때문일 것입니다. 하지만 이 상승류는 거대한 화산 폭발을 일으킬 만큼 뜨겁지는 않
았습니다. 맨틀 상승류는 폭발을 일으키는 대신 암석권 아래로 어마어마한 양의 맨
틀 물질을 밀어 넣어 해저를 들어 올렸습니다. 케임브리지대학교 과학자들이 지진파
를 이용해 1만 제곱킬로미터의 지역을 조사에서 한때 땅 위에 있었음을 분명히 보여
주는 협곡과 언덕, 해안가의 사라진 풍경을 확인했습니다. 핵 표본에는 숲에서 발견
되는 꽃가루와 갈탄이 있었습니다. 100~200만 년 동안 북대서양의 이 지역 전체는
육지였을 것입니다. 오늘날 이 땅은 바다로부터 1천 미터 아래에 묻혀 있으며 그 이
후로 2천 미터의 퇴적물이 쌓였습니다.

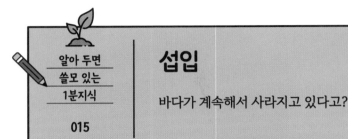

섭입

바다가 계속해서 사라지고 있다고?

지금도 새로운 해저가 형성되고 있습니다. 대륙은 이동하지만 사라지지는 않습니다. 하지만 지구의 공간은 한정되어 있기 때문에 오래된 지각을 없애야 하므로 지구의 판이 서로 충돌해 한쪽이 다른 쪽의 밑으로 들어가는 섭입 현상이 나타납니다.

모든 해양지각의 나이는 2억 년이 넘지 않았고 1억 년이 넘은 경우도 매우 드뭅니다. 해양 암석권의 판은 냉각과 수축을 거치면서 아래쪽에 자리한 뜨거운 상부 맨틀 위에 더 이상 떠 있을 수 없을 정도로 부력을 잃을 때까지 점점 밀도가 높아집니다. 밀도가 높아진 판은 아래로 가라앉기 시작합니다.

해구

대양중앙해령에서부터 심해저평원을 가로지르는 해저를 따라가다 보면, 비교적 평평한 4천 미터 깊이의 평야에서부터 1만 미터 깊이에 이르는 해구로 내려가면서 물이 점점 깊어지기 시작합니다. 해구에서 물은 눈으로 확인할 수 없는 위치까지 깊어

과거의 바다

6억 5천만 년
판타랏사해가 열리고 오스트레일리아와 남극대륙은 북쪽으로, 캐나다와 시베리아대륙은 남쪽으로 이동

4억 2천만 년
북아메리카와 북유럽 사이의 이아페투스해가 닫힘

3억 6,500만 년
북아메리카와 남아메리카, 플로리다 사이의 라익해가 닫힘

지지만, 판이 움직이면서 만들어내는 지진으로 깊이를 추적할 수 있습니다. 이 섭입 과정은 대양중앙해령을 따라 해양지각이 형성되는 속도와 거의 같은 속도로 진행됩니다. 1년에 2~10센티미터로 손톱이 자라는 속도와 비슷합니다.

처음에 해양판은 약 30도의 각도로 하강합니다. 일단 100킬로미터 이상의 깊이에 도달하면 열과 압력으로 인해 현무암이 에클로자이트eclogite라는 밀도가 더 높은 암석으로 변형되고 가프르게 하강합니다. 암석이 뜨겁고 물러지면서 지진이 사라지지만, 아직 다른 진원에서 발생하는 지진파의 고속층으로 판을 추적할 수 있습니다. 결국 상부 맨틀 기반이 있는 660킬로미터 아래에서 판은 일시적으로 멈춥니다.

호상열도

해양지각은 완만하게 이동하지 않습니다. 바다 아래에서 1억 년을 보낸 해양지각은 광물에 화학적으로 결합한 수분과 공극 내에 존재하는 수분으로 인해 축축합니다. 해양지각이 하강하고 가열되면서 수분이 휘발되어 위쪽 암석을 뚫고 올라와 암석의 녹는점을 낮춥니다. 그로 인해 섭입대 위로 일련의 화산들이 만들어집니다. 해양 암석권이 다른 해양판 아래로 섭입하는 곳에서는 서태평양에 있는 화산섬 같은 화산의 호상열도가 생성됩니다. 해양 암석권이 대륙 아래로 섭입하는 곳에서는 화산으로 인해 육지 위에 남아메리카대륙의 안데스산맥, 워싱턴주와 오리건주의 캐스케이드산맥 같은 산맥지대가 생겨납니다. 그 사이에서 태평양 주위에 일련의 화산지대가 '불의 고리(환태평양조산대)'를 형성합니다.

2억 8천만 년 전
인도와 오스트레일리아, 티베트 사이에 테티스해가 열림

1억 8천만 년 전
대서양이 열리기 시작

1억 2천만 년 전
북대서양이 열리기 시작

5천만 년 전
테티스해가 닫힘

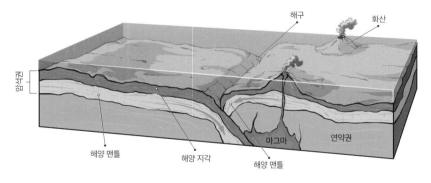

판의 충돌과 섭입 과정

미래의 섭입대

해양지각은 영원히 존재하지는 않습니다. 아직은 유럽과 아프리카, 북아메리카와 남아메리카 판의 일부가 대서양을 구성하고 있지만, 결국 대륙의 가장자리를 형성한 가장 오래된 해저 부분이 섭입하기 시작할 것입니다. 이 과정은 카리브해의 푸에르토리코해구와 남아메리카와 남극대륙 사이의 사우스샌드위치해구를 형성하는 몇 개의 작은 판들이 만나는 대서양 서쪽에서 이미 시작되었습니다. 앞으로 1억 5천만 년 안에 대서양은 다시 닫히기 시작할 것이고, 2억 5천만 년 후에 새로운 초대륙을 생성하면서 윌슨 주기를 이어갈 것입니다.

사라진 바다

과거의 거대한 대양은 대륙과 충돌하며 섭입으로 소멸되었습니다. 가장 잘 알려진 최근의 예는 테티스라고 알려진 쥐라기의 바다입니다. 당시 아프리카와 인도가 유럽과 아시아 쪽으로 이동하자 테티스해저는 북쪽으로 섭입해 내려갔습니다. 지진파토모그래피를 이용하면 맨틀로 계속 하강하는 테티스 판의 조각들을 확인할 수 있습니다. 현재 테티스해서에서 긁어낸 퇴적물들은 알프스와 히말라야 고원의 일부를 형성하고 있습니다. 테티스의 대양중앙해령 일부는 키프로스에서 발견되는데, 이 지역에는 청동기시대 도구의 재료로 쓰인 풍부한 구리 광석들이 해령을 따라 퇴적되어 있습니다.

대륙의 충돌에 이어 오래된 바다가 닫힌 지역을 봉합대suture zone라고 합니다. 스코틀랜드의 서던어플랜즈는 4억 2천만 년 전에 닫힌 이아페투스해의 봉합대입니다. 오늘날 이 지역은 영국에서 스코틀랜드로 조금만 이동하면 도착할 수 있지만, 5억 년 전에는 항해를 오래 해야 도달할 수 있었으며, 지금 스코틀랜드에 속한 일부 지역은 과거에 아메리카였을 것입니다. 두 대륙 사이에 끼어 있던 아발로니아대륙은 현재 잉글랜드 남서부와 뉴펀들랜드, 뉴잉글랜드에서 일부 발견할 수 있습니다.

모호 불연속면의 화석

오래되고 차가운 해양지각은 보통 섭입대에서 맨틀 속으로 다시 가라앉습니다. 하지만 드물게 구획이 융기한 뒤 침식 과정을 거치기도 하는데, 지질학자들은 이러한 침식 지각을 통해 모호 불연속면의 화석화 구획을 조사할 수 있습니다. 이를 오피올라이트ophiolite(감람암, 반려암, 현무암 따위의 초염기성 또는 염기성 바위와 각암이 퇴적한 바위가 바다 깊은 곳에서 층을 이루어 생간 복합적인 암체)라 하며 아라비아 동쪽 끝에 자리한 오만에서 좋은 표본을 발견할 수 있습니다. 이 지형에는 백악기의 해저 구획과 함께 옅은 색의 반려암이 어둡고 밀도 높은 감람암과 겹쳐 있습니다. 하지만 경계가 깔끔하지 않으며, 수 센티미터 두께의 광맥에 맞물린 암석층이 수미터 이상 이어져 있습니다. 현대의 지진파 반사 기술을 이용해 모호 불연속면에도 이와 비슷하게 복잡한 특성이 있다는 사실을 알 수 있습니다.

화산활동

화산이 기후에도 영향을 미친다?

화산활동은 지구 내부의 열과 에너지가 지표면에서 가장 극적으로 표현되는 방식 중 하나입니다. 한때 지옥의 굴뚝이나 용의 은신처로 여겨진 화산은 장관을 이루는 관광 명소에서부터 도시와 주변 지역을 파괴하거나 기후를 변화시킬 수 있는 심각한 폭발에 이르기까지 다양합니다. 인간은 화산을 연구하고 이해하고 심지어 예측할 수 있지만 절대 예방할 수는 없습니다.

우리는 이미 앞에서 화산의 원리를 알아보았습니다. 화산은 맨틀의 활동으로 폭발합니다. 또한 대양중앙해령 아래에서 새로운 현무암질 지각을 생성하는 완만한 융기부터 맨틀 상승류 위로 폭발하는 거대한 용암, 섭입하는 판 위에서 발생하는 축축한 마그마의 폭발적인 분출을 모두 포함합니다. 이제 화산의 구조에 대해 더 자세히 살펴보겠습니다.

역사상 유명한 화산 폭발

기원전 1,620년 전	**79년**	**1815년**	**1883년**
그리스의 산토리니: 미노아 문명의 종말에 기여	이탈리아의 베수비오산: 폼페이 문명 파괴	인도네시아의 탐보라산: 화산 먼지로 인해 '여름이 없는 해' 등장	인도네시아 수마트라섬의 크라카타우산: 섬 전체를 파괴하고 지진해일 생성

하와이의 화산 쇼

하와이제도는 맨틀 상승류 위에 놓여 있습니다. 태평양판은 상승류를 가로질러 이동하고 있기 때문에 북서쪽으로 뻗어나가는 일련의 섬들과 해저산들을 형성합니다. 지난 8천만 년 동안 화산활동을 이어온 해저산들은 약 4,800만 년 전부터 북쪽을 향한 이동 경로에서 확연히 방향이 바뀌고 있습니다.

바다 아래 5천 미터를 실제 바닥으로 계산할 때 하와이제도의 가장 큰 섬은 지구상에서 가장 큰 산입니다. 주요 화산 봉우리는 2개가 있습니다. 하나는 국제적인 천문대가 있으며 사화산이기를 바라는 마우나케아산이고 다른 하나는 1984년에 마지막으로 분출한 마우나로아산입니다. 마우나로아산의 측면에는 킬라우에아산의 분화구가 있는데 1991년부터 거의 지속적으로 분화가 일어나고 있습니다. 남동쪽 앞바다에는 하와이제도에서 가장 어린 화산인 로이히산이 있습니다. 이 산은 아직 바다 위로 모습을 드러내진 않았지만 앞으로 하와이제도의 섬이 될 수도 있습니다.

올라온 맨틀 암석은 지표면 아래 약 150킬로미터 깊이에서 용융을 시작합니다. 이 깊이의 압력은 약 3~4퍼센트의 암석을 용융시킬 정도밖에 되지 않아서 길고 넓게 용암류가 흐르는 순상화산과 같은 매우 묽은 현무암 용암을 만들어냅니다. 현무암 용암은 너무 묽어서 기체가 빠져나갈 때 폭발하지 않고 분수처럼 솟구치기 때문에 보통 관광객들이 분화구 가장자리의 전망대에서 볼 수 있을 만큼 안전합니다. 용암류는 상당한 거리를 이동할 수 있으며 때로는 바다로 흘러가는 길을 막기도 합니다.

1902년
마르티니크섬의 펠레산: 화산 쇄설류로 도시 생피에르 파괴

1963년
아이슬란드의 슈르체이산: 새로운 화산섬 생성

1980년
미국 워싱턴주의 세인트헬렌스산: 폭발성 분출

1991년
필리핀의 피나투보산: 연무질 구름이 서늘한 기후 형성

태평양으로 흘러 들어가는 킬라우에아산의 용암

샴페인 화산

대체로 섭입대 위에서 발생하는 화산은 좀 더 격렬합니다. 화산의 연료가 되는 마그마는 이산화규소가 풍부한 축축한 암석으로 인해 더 얕은 깊이에서 생성됩니다. 이 때문에 점성이 훨씬 높아서 하와이의 화산들처럼 흐르거나 분수처럼 약하게 솟아오르지 않습니다. 물을 비롯한 휘발성 물질은 용암에 더욱 많은 거품을 만듭니다. 마그마가 상승하고 압력이 떨어지면, 잘 흔들어 기체 거품으로 꽉 찬 샴페인병의 마개를 열었을 때와 같은 현상이 발생합니다. 하지만 기체가 탈출하기에는 마그마가 너무 끈적끈적하기 때문에 화산재와 화산력을 대기 중으로 높이 쏘아 올리는 폭발성 분출로 이어집니다. 기원후 79년 로마의 플리니우스 2세가 목격한 베수비오산의 분출이 이와 같은 형태였습니다. 베수비오 화산 폭발은 그의 삼촌의 목숨을 앗아가고 폼페이와 헤르쿨라네움을 파괴했습니다.

섭입대 화산은 종종 일본의 후지산처럼 봉우리가 전형적인 원뿔 모양이며 화산재와 용암이 번갈아 층을 이루는 성층화산입니다. 성층화산은 20킬로미터 이상 높이의 성층권까지 화산재 구름을 쏘아 올려 대륙 전체에 비가 내리게 하는 경우도 있습니다. 뜨거운 화산재 더미가 훨씬 거대한 경우에는 땅을 뒤덮거나 팽창하는 뜨거운 기체와 증기로 인해 떠올랐다가 액체처럼 시간당 수백 킬로미터의 속도로 경사면을 내려가면서 주변의 모든 것을 뒤덮어버립니다. 1902년 5월 8일 마르티니크의 생피에르마을을 그처럼 치명적인 화산쇄설류가 덮치면서 3만 명의 생명을 앗아갔습니다. 얼마 되지 않는 생존자 중에는 창문 없는 감방에 갇힌 죄수도 있었습니다.

화산과 기후

화산 가스와 화산재 구름은 지구의 기후에 상당한 영향을 미칠 수 있습니다. 발음조차 어려운 아이슬란드의 화산 에이야프야틀라이외쿠틀은 제트엔진에 손상을 일으킬 수 있는 거친 화산재 구름을 내뿜으며 2010년 유럽 북서부 전역의 항공 운행에 일시적인 혼란을 일으켰습니다. 화산재 구름은 빙하 아래에서 분출한 화산이 녹아내린 물과 격렬한 반응을 일으키면서 발생했습니다.

1991년 폭발한 필리핀의 피나투보산은 공중에 2천만 톤의 이산화황과 함께 약 10세제곱킬로미터의 화산재를 내뿜었습니다. 화산재는 성층권에 도달해서 지구 전역으로 퍼지며 입자가 고운 연무질 황산 안개를 만들었습니다. 그로 인해 이후 2년 동안 오존층이 손실되고 지구의 온도가 0.5도 떨어졌습니다.

과거에 있었던 더 큰 폭발이 더 큰 영향을 미쳤을 것입니다. 7만 년 전, 인도네시아의 또바 초화산의 거대한 폭발은 새롭게 진화한 우리 선조들의 어마어마한 인구 감소로 이어졌습니다. 6,500만 년 전 인도의 데칸용암대지와 2억 5천만 년 전 시베리아용암대지를 만든 방대한 폭발 역시 당시에 발생한 대멸종에 기여했을 가능성이 있습니다.

화산암

화산암의 특성은 암석의 조성과 분출 방식, 기체 함유량, 냉각 속도에 따라 결정됩니다. 용암이 빠르게 식으면 흑요석이라는 화산유리가 탄생합니다. 기체가 빠져나가기 전에 냉각된 용암은 물에 뜰 수 있을 만큼 가벼운 부석浮石, pumice이 됩니다. 부서진 암석은 화산재나 화산력火山礫, lapilli(화산이 분출할 때에 터져 나오는 용암의 조각. 이미 굳어진 암석이 폭발하여 파괴된 것으로, 지름은 4~32밀리미터)으로 날아갈 수 있는데, 아직 무른 상태라면 땅에 떨어지면서 조각들이 결합해 용결응회암이나 화쇄류암을 형성합니다. 공중으로 날아가는 과정에서 냉각된 그보다 조금 더 큰 용암 덩어리들은 빵 껍질을 닮은 화산탄을 형성합니다. 화산탄은 아직 무르기 때문에 땅에 떨어질 때 소똥 모양으로 퍼집니다. 용암류 표면은 각진 돌덩이로 뒤덮여 있기 때문에 걷기에는 전혀 적합하지 않습니다. 흐르는 용암 위에 형성된 얇은 막은 밧줄 질감의 지형으로 발달합니다.

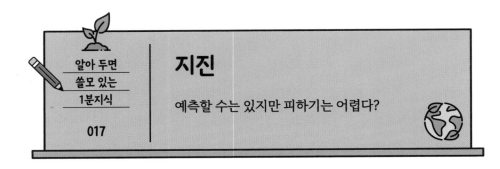

지진

예측할 수는 있지만 피하기는 어렵다?

대륙은 지구 전역에서 쉬지 않고 이동하지만 대륙의 가장자리는 이동이 원활하지 않습니다. 이따금 대륙은 꼼짝할 수 없이 갇히곤 합니다. 갑작스럽게 서로 밀려나거나 지진이 일어나서 땅이 흔들리기도 합니다. 지질학자들은 앞으로 언제, 어디에서 대륙이 밀려날지, 그로 인해 어떤 결과가 발생할 것인가라는 질문에 답하기 위해 열심히 연구하고 있습니다.

지구위치, 레이저 거리측정, 전파천문학의 최신 기술을 사용하면 지구의 지각을 구성하는 지질구조판의 상대운동을 밀리미터 단위로 추적할 수 있습니다. 그러나 판의 중앙에서만 추적할 수 있으며, 가장자리로 갈수록 문제가 복잡해집니다. 판 경계는 대부분 직선이 아니며 깔끔하지도 않기 때문입니다. 균열이나 단층이 또 다른 단층에서 갈라져 나오거나 다수의 단층이 서로 평행을 이루며 갈라지고 나뉘기도 합니다. 단층은 수십 년에서 수백 년 동안 꼼짝 않고 있다가 갑자기 파괴적인 지진으로 억눌린 응력을 방출하기도 하는데, 이때 땅은 수초 내로 수십 미터를 이동하기도 합니다.

역사상 주요 지진의 규모와 사상자

1556년	1737년	1908년	1923년
중국 산시성: 83만 명 사망	인도 캘커타: 30만 명 사망	이탈리아 메시나: 진도 7.1, 12만 3천 명 사망	일본 간토: 진도 7.9, 14만 2천 명 사망

산안드레아스 단층

캘리포니아주의 산안드레아스 단층은 전 세계에서 가장 유명한 균열일 것입니다. 이 단층은 샌프란시스코 중앙을 지나 로스앤젤레스 위쪽의 언덕을 가로질러 남쪽으로 이어지는 복잡한 단층 구조를 이루고 있습니다. 태평양판은 북아메리카판을 향해 끈질기게 북쪽으로 이동하고 있습니다. 앞으로 2천만 년 후에 로스앤젤레스는 샌프란시스코 옆에 자리할 것입니다.

1906년 샌프란시스코는 파괴적인 지진에 이어 발생한 화재에 휩싸여 도시가 파괴되었습니다. 그 이후로도 좀 더 작은 지진들이 발생했는데, 그중 일부는 1989년에 샌프란시스코 근처에서 발생한 로마프리에타 지진과 같이 심각한 피해를 입히기도 했습니다. 그러나 캘리포니아는 여전히 '대형' 지진을 앞두고 있습니다.

태평양의 하강

일본도 마찬가지입니다. 일본은 태평양판이 영토의 동부 해안으로 가라앉으면서 아주 강력한 지진이 발생하는데, 그 규모는 적당한 흔들림을 넘어서는 수준입니다. 1923년에 도쿄를 덮친 지진은 14만 3천 명의 목숨을 앗아갔습니다. 1995년의 고베 지진으로 6천 명 이상이 사망했고, 2011년 3월의 도호쿠 지진과 그 뒤를 이어 발생한 파괴적인 지진해일은 현대에 들어 가장 강력한 지진 중 하나였습니다. 도호쿠 지진은 2만 명 이상의 생명을 앗아갔고 수천억 달러 상당의 손실을 일으키는 등 파괴적인 피해를 입혔습니다.

1960년
칠레 발디비아: 진도 9.5, 가장 강력한 지진으로 기록, 3천 ~ 5천 명 사망

2004년
인도네시아 인도양: 진도 9.1, 23만 명 사망

2010년
아이티: 진도 7.0, 22만 명 사상

2011년
일본 도호쿠: 진도 9.0, 2만 명 이상 사망

2010년 지진이 발생한 아이티의 수도 포르토프랭스(진도 7.0)

지진 예측

지진이 일어날 지역을 예측하는 것은 쉽습니다. 지도에서 판의 경계를 찾기만 하면 됩니다. 그러나 지진이 일어날 시기를 예측하는 일은 그보다 훨씬 어렵습니다. 과학자들은 때때로 장비를 이용해 응력이 쌓이는 위치를 확인하거나, 역사적 기록을 통해 오랫동안 움직이지 않은 단층 부분의 위치를 확인합니다. 운이 따른다면 지진학자들이 10년 내에 주요 지진이 일어날 가능성이 있는 장소를 추측할 수도 있을 것입니다. 그러나 여기까지 알아냈다 하더라도 내일 당장 지진이 일어날 확률은 3,650분의 1이기 때문에 공황 상태를 야기하면서까지 대피 명령을 내릴 수는 없을 것입니다.

지진을 대비한 건축

그러나 미리 대비할 수 있는 방법은 있습니다. 지진 자체가 아니라 건물이 무너지면서 사람이 죽는 경우도 있기 때문에 일본과 캘리포니아는 재앙과도 같은 붕괴의 위험성을 최소화하기 위해 엄격한 건축 법규를 제정했습니다. 그러나 통계에 따르면 아시아와 남아메리카, 심지어 유럽에서 지진이 자주 발생하는 일부 지역에는 대비가 부족한 실정입니다. 1988년 아르메니아 지진으로 인해 10만 명이 넘는 사망자가 발생했지만, 반대로 1년 후에 비슷한 지진 규모로 발생한 캘리포니아의 로마프리에타 지진에서는 사망자 수가 겨우 62명에 그쳤습니다.

충적토(흙이나 모래가 물에 흘러내려와 범람원이나 삼각주 따위의 낮은 지역에 쌓여 생긴 토양)가 있는 일부 지역은 액상화로 인해 위험에 처할 수 있습니다. 지진이 축축한 퇴적물을 흔들면 퇴적물은 유사(바람이나 흐르는 물에 의하여 흘러내리는 모래)와 같은 성질을 가지게 되어 그 위에 자리한 도로나 건물을 떠받칠 수 없습니다. 심지어 충적토의 액상화는 1985년 멕시코시티에서와 같이 지진파를 증폭시킬 수도 있습니다. 도시에서는 액상화와 지진이 가스관과 수도관에 쉽게 균열을 일으키고 동시에 화재를 일으켜 불을 진화할 수단을 무용지물로 만듭니다. 샌프란시스코는 이에 대비해 압력이 크게 떨어지면 해당 구역을 자동으로 차단하는 지능형 관을 활용하고 있습니다.

이상한 전조

지진을 예측하려는 시도는 기이한 민간 설화부터 시작해 합리적인 과학에 이르기까지 모든 종류의 전조에 의존하고 있습니다. 그중 하나로 지진이 일어나기 직전에 우물 수위의 갑작스런 변화와 마찬가지로 비정상적인 동물들의 행동이 보고되곤 합니다. 1975년 중국의 하이청현 주민들은 동물들의 행동을 단서로 파괴적인 지진이 일어나기 몇 시간 전에 대피할 수 있었습니다. 하지만 1년 후 텡샨에서는 어떠한 경고도 받지 못해 24만 명이 사망했습니다. 과학자들은 암석에서 새어 나오는 라돈 기체의 수치를 기록하고 광물 결정에 물리적 압력이 가해질 때 발생하는 압전piezo-eletric(결정체가 물리적 압력을 받을 때 만들어내는 전하, 가스라이터에 사용)의 아주 작은 섬광을 찾아냈습니다. 장파장 전파 역시 큰 지진에 앞서 나타난다고 합니다. 하지만 어떤 변수도 믿을 만한 지표로 보이지는 않습니다. 단층이 깨질 준비를 마치면 만조나 집중호우를 일으킬 정도로 변화가 생기겠지만, 정확히 그게 언제가 될지 알 수 있는 사람은 아무도 없을 것입니다.

알아 두면 쓸모 있는 1분지식

018

조산운동

대륙 간의 정면충돌 결과는?

이따금 대륙들은 정면으로 충돌합니다. 대륙 크기의 암석판은 쉽게 움직임을 멈추지 않습니다. 애초에 거의 속도가 줄어들지 않습니다. 이렇게 저항할 수 없는 힘이 대륙처럼 움직이지 않는 물체에 부딪히면 특정 지형이 만들어집니다. 이러한 대륙 간 교통사고의 결과로 발생한 산맥과 지각이 구겨지고 찌그러진 모양의 크럼플 존crumple zone은 수백 킬로미터에 이를 수 있습니다.

수렴판 경계는 3가지가 있습니다. 바다 아래로 바다가 섭입하면서 알류산열도와 같이 호상열도를 만드는 경계와 대륙 아래로 바다가 섭입하면서 안데스산맥과 같이 부분적으로 화산산맥을 형성하는 경계, 그리고 대륙과 대륙이 만나면서 히말라야와 같이 아주 큰 산을 만드는 경계입니다.

안데스산맥

안데스는 섭입으로 발생한 조산활동orogeny(대규모의 습곡산맥을 형성하는 지각변동)의 교과

주요 조산 시기

4억 9천만~ **3억 9천만 년 전**	**3억 5천만~3억 년 전**	**3억 7천만~2억 8천만 년 전**
북아메리카대륙이 유럽대륙과 충돌하면서 칼레도니아산맥 형성	아프리카대륙과 북아메리카대륙이 만나면서 애팔래치아산맥 형성	대륙이 충돌하면서 유럽과 북아메리카에 헤르시니아산맥 또는 바리스칸산맥 형성

서적인 예입니다. 안데스산맥은 이산화규소가 풍부한 안산암을 내뿜는 일련의 화산을 생성할 뿐만 아니라 많은 양의 화강암을 형성하는데, 이 화강암은 지각 아래로 관입해서 지각을 들어올립니다. 안데스 조산운동은 약 1억 년 전 백악기에 시작되었으며 오늘날까지 이어져 화산과 지진을 일으키고 있습니다. 안데스산맥은 드레이크해협을 지나 남극반도의 산맥까지 이어집니다. 산맥의 동쪽으로는 지각이 낮아지면서 퇴적 분지를 형성합니다. 섭입하는 태평양판이 아래로 당기는 인력을 만들기 때문일 것입니다. 북쪽으로 이동하면 미국 서부지역에서는 상황이 더욱 복잡해집니다. 섭입 중인 해양지각은 가파르게 하강하지 않는 반면 산맥은 저지대를 포함하며 내륙 너머까지 펼쳐져 있습니다. 네바다주와 거의 일치하는 이곳에서는 지각이 확장하고 있습니다.

대륙 간 교통사고

8천만 년 전 인도는 남쪽 대륙에서 갈라져 나와 북쪽으로 향했습니다. 테티스해로 향한 인도 지각은 아시아대륙 아래쪽으로 섭입하기 시작했습니다. 3천만 년 전 대륙은 자동차 충돌사고의 저속 영상처럼 정면충돌을 시작했고 그 충돌은 여전히 계속되고 있습니다.

　　해양지각은 섭입이 가능할 만큼 밀도가 높지만 대륙지각은 그렇지 않습니다. 대륙은 물에 띄워놓은 코르크 마개와 같습니다. 또는 교통사고에 비유하자면 교통사고가 났을 때 차체가 낮은 차가 도로에 처박히지 않는 것과 같습니다. 대신에 위에 놓

1억 년 전~현재
태평양판이 남아메리카대륙
아래로 섭입하며 안데스산맥
형성

4,500만 년 전~현재
알프스산맥과 히말라야산맥
형성

인 판은 부력 때문에 올라가면서 산맥의 크럼플 존뿐만 아니라 그 너머의 티베트고원까지 들어올립니다.

인도와 아시아의 다른 지역들 사이에 결합 부위나 봉합대를 보면 인접한 대륙 가장자리가 인도아대륙과 딱 맞아 떨어지는 모양을 하고 있는 것으로 보입니다. 하지만 실상은 그렇지 않습니다. 단단한 덩어리가 두껍고 축축한 진흙판으로 미끄러질 때 발생하는 충돌을 모의실험하면, 덩어리 앞에 십자형의 균열이 발생하고 동시에 진흙판이 구조상 분출 과정을 통해 측면으로 새어나옵니다. 아시아가 인도차이나를 동쪽으로 밀어낼 때도 같은 현상이 일어났을 것입니다.

융기로 만들어진 히말라야산맥

히말라야 내부의 광물을 살펴보면 히말라야가 얼마나 빠르게 솟아올랐는지 알 수 있습니다. 화강암과 같은 심성암은 지각 위로 올라오면서 빠르게 식기 때문에 과거의 각기 다른 시점의 온도를 확인하면 해당 고도의 연대를 추정할 수 있습니다. 다행히 실제로 이러한 방식으로 추정이 가능합니다. 우리는 이미 지르콘이 결정을 형성할 때 갇힌 우라늄 원자가 납으로 붕괴하면서 방사성 시계를 가동하는 원리에 대해 알고 있습니다. 지르콘은 섭씨 1천 도 이상에서 결정화되는데, 이 온도는 지구의 18킬로미터 깊이에 해당하는 온도입니다. 다른 광물들은 폐쇄온도(마그마가 냉각되는 과정에서 광물 내의 방사성 핵종이 폐쇄 상태가 된 시기의 온도)가 다릅니다. 예를 들어 각섬석은 섭씨 530도이고 금홍석은 섭씨 400도, 흑운모는 섭씨 280도입니다. 우라늄 원자가 붕괴되면서 우라늄을 함유한 결정은 미세하게 손상되지만 이 손상은 일정 온도가 넘으면 회복되면서 단단해집니다. 인화석의 경우 그 온도는 섭씨 70도밖에 되지 않습니다. 지르콘은 섭씨 약 240도입니다. 이처럼 암석은 시계와 온도계를 모두 보유하고 있는 셈입니다.

히말라야산맥은 아주 빠르게 융기하면서 만들어졌습니다. 에베레스트산과 주위의 산들은 넓은 화강암 단구 위에 놓여 있습니다. 약 2천만 년 전에 단구는 1백만 년이 조금 넘는 시간 동안 20킬로미터 이상 상승한 것으로 보입니다. 1년에 2센티미터를 이동하는 엄청난 속도입니다. 그러나 충돌만으

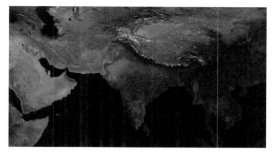

히말라야산맥의 위성사진

로는 이렇게 빨리 융기할 수 없었을 것입니다. 암석권 기반에 있는 차갑고 밀도 높은 암석이 맨틀로 떨어져 나간 후 티베트 산악지대가 솟아오른 것이 그 원인 중 하나일 것입니다. 히말라야의 일부 지역에서는 지금까지도 융기가 이어지고 있습니다. 파키스탄의 낭가파르바트 단층지괴는 아직까지도 매년 약 1센티미터씩 상승하고 있습니다. 인도양의 퇴적물을 보면 아시아 남부의 몬순 역시 약 2천만 년 전에 새롭게 형성된 산맥이 대기 순환에 영향을 주면서 시작되었을 가능성이 있습니다.

알프스산맥 융기

테티스해의 서쪽 지역이 닫히고 히말라야산맥이 융기한 시기에 이탈리아는 유럽과 충돌해 알프스를 형성했으며, 더 나아가 연구가 수월한 작은 산맥들을 만들었습니다. 북쪽과 남쪽으로는 두꺼운 쐐기모양 퇴적물이 쌓였습니다. 그 사이에 쌓인 퇴적암은 강하게 휘저은 크림처럼 독특하게 접히고 왜곡된 지형을 형성하고 있습니다. 내프습곡nappe folds이라 불리는 곳은 접히는 힘이 아주 강해서, 거대한 혀처럼 북쪽으로 늘어지면서 정상적인 층서학의 일반적인 규칙과는 반대로 오래된 암석이 어린 퇴적물 위에 놓인 형태입니다. 융기가 주로 발생한 위치에서 퇴적물은 화강암과 변성암으로 이루어진 결정질 기반암을 노출하면서 침식 과정이 이루어집니다.

변성 작용

대리암과 석회암은 원래 같은 암석이다?

암석은 분출하거나 지각으로 관입할 수 있습니다. 침식되고 용해될 수 있으며 땅 위나 바다 아래에 다시 퇴적되고 산맥으로 융기하기도 합니다. 하지만 암석의 고통은 이제 시작일 뿐입니다. 빠르든 느리든 암석은 땅속에 묻혀 압축되고 가열된 후 뒤틀리는 과정을 거치게 됩니다. 이 과정을 통해 변성암으로 변한 암석은 원래의 암석 구조를 거의 잃어버립니다.

원시 대륙의 잔존물을 추적하려 하거나 그 안에서 초기 생명체의 잔존물을 찾으려 하는 사람들에게 변성작용은 고통이자 장애물입니다. 일부 과학자들은 이러한 암석을 두고 형체를 알아볼 수 없이 뒤죽박죽이 되었다고 표현합니다. 하지만 변성암석학자에게 변성암의 구조는 암석이 형성된 이후의 상세한 역사를 말해줍니다.

압력 없이 가열될 때

암석이 열 때문에 변형되는 가장 간단한 방식은 접촉변성작용입니다. 화강암과 같은

온도와 압력(단위: 섭씨)

120도, 저압력	225도, 저압력	300~900도, 저압력	150~400도, 고압력	330~550도, 중간 압력
속성 작용으로 퇴적물이 굳음	제올라이트	혼펠스	청색편암	녹색편암

화성암이 관입하는 부위 주변의 얇은 접촉변성대에서 발생하며 냉각 중인 암석의 열기로 인해 가열된 주변 암석, 그중에서도 주로 퇴적암 때문에 변성됩니다.

변성이 일어날 때는 진흙 같은 광물에 화학적으로 결합한 물이나 퇴적물에 함유된 수분이 빠져나갈 수 있습니다. 또는 물이 뜨거운 화성암으로 들어갈 수도 있습니다. 그 결과는 열수변성작용이라는 국부적 변화로 이어집니다. 일반적으로 이 과정은 온도가 특별히 높지 않아도 이루어지며 섭씨 70~350도면 충분합니다. 따라서 암석 속 광물 알갱이는 큰 영향을 받지 않으면서 새로운 물질이 들어와 한데 굳거나 광물 속에 광맥을 형성할 수 있습니다. 대표적인 예로 안데스산맥의 화강암 관입대 근처에 형성된 세계에서 가장 큰 구리 매장층을 들 수 있습니다. 콘월 지방의 자토 매장층도 같은 예입니다.

열 없이 가압될 때

암석에 매우 갑작스러운 변화를 일으킬 수 있는 또 다른 변화는 충격변성작용입니다. 달의 고지대 대부분이 충돌로 인해 변형된 만큼 충격변성은 지구보다 달에서 흔하게 관찰됩니다. 충격변성은 국부적으로 용융되어 유리 조각을 형성하거나 증발을 일으킬 수 있습니다. 좀 더 흔한 변형 형태는 암석이 부서졌다가 다시 한데 뭉쳐지는 충격변형입니다. 극단적인 전단응력shear stress(물체의 어떤 면에서 어긋남의 변형이 일어날 때 그 면에 평행인 방향으로 작용하여 원형을 지키려는 힘)을 받은 암석에서 비슷한 현상이 발생할 수 있습니다. 단층대를 예로 들 수 있는데 이를 동력변성작용이라 합니다. 이때 직접

550~700도, 중간 압력
각섬암

600도, 중간 압력
축축한 화강암의 녹는점

300~800도, 고압력
에클로자이트

700~900도, 중간 압력부터
고압력
백립암

적인 압력은 높지만 온도는 낮습니다.

광역변성작용

변성 중에서도 단연코 가장 많은 양의 변성암이 생성되는 광역변성작용은 암석이 지각 내 깊은 곳에 묻혀 있는 동안 모든 과정이 이루어지고 온도와 압력으로 인해 다양한 정도로 변형됩니다. 이 과정을 통해 원래 가지고 있던 조성에 관계없이 모두 비슷한 조건의 열과 압력에 노출된 암석들을 변성상metamorphic facies이라 합니다.

변성작용의 등급

열과 압력이 높아질 때 첫 번째로 변형되는 암석은 퇴적점토와 혈암, 이암입니다. 대부분 점토 광물인 이 암석들은 많은 물을 함유하고 있고 열과 압력으로 인해 쉽게 변형되기 때문에 변성암 등급을 나타내는 좋은 지표입니다. 낮은 등급의 변성암에서

변성암의 종류: 원래 암석(위)과 변성작용이 일어난 암석(아래)

최초로 등장하는 광물은 녹니석입니다. 열과 압력이 올라가면 흑운모가 등장하고 뒤를 이어 석류석을 비롯한 광물이 형성됩니다. 변성작용이 일어나는 동안 혈암은 점판암이 되고 석회암은 대리암이 됩니다. 사암 속 이산화규소는 높은 온도와 압력에서도 화학적으로 매우 안정하지만, 재결정화를 시작하면서 알갱이가 한데 뭉쳐 규암을 형성할 수 있습니다.

변성조직

변성암은 모암과는 매우 다른 형태의 조직을 발달시킬 수 있습니다. 높은 압력은 모암을 얇고 평평한 알갱이로 변형시키는데, 예를 들어 압력에 수직방향으로 배열된 운모일 경우에는 운모편암이 형성됩니다. 세립질 암석도 변성조직을 발달시킬 수 있으며 세립질 혈암은 점판암을 형성합니다. 그러므로 기존의 혈암 퇴적조직에서 완전히 변형된 점판암은 쪼개짐 면(벽개면)의 각도는 원래 퇴적층과는 완전히 다릅니다.

　온도와 압력이 올라가면 광물의 결정이 길게 늘어나 선형조직을 형성할 수 있습니다. 게다가 결정이 녹고 재결정되기 시작하면 암석은 화성암 또는 퇴적암이었던 원래의 모습을 찾아보기 어려울 정도로 변합니다.

대리암

지질학적으로 대리암은 백운암이나 석회암이 변성된 것입니다. 대리암의 탄산칼슘이나 탄산마그네슘은 재결정화되어 본래 퇴적 구조가 거의 남아 있지 않습니다. 순수한 대리암은 흰색이지만 철과 같은 원소가 풍부한 광맥으로 인해 물들기도 합니다. 대리암은 조각에 적합한 건물 장식용 돌의 다양한 종류를 포함하기도 하며 건축에도 널리 사용됩니다. 가장 유명한 흰색 대리암은 이탈리아의 토스카나 지역의 카라라에서 나옵니다. 고전 시대에 조각의 재료로 큰 사랑받았으며, 르네상스 조각가 미켈란젤로가 사랑한 재료로 유명한 흰색 대리암은 그의 유명한 다비드상에도 사용되었습니다. 카라라 대리암은 로마의 트라야누스기념주Trajan's Column와 런던의 마블 아치Marble Arch에서도 발견할 수 있습니다.

검은 황금

과거의 생명체가 현재의 원료가 되었다고?

햇빛을 제외하고 우리가 사용하는 모든 에너지는 지구에서 유래합니다. 온천과 시추공에서 얻을 수 있는 지열에너지와 모든 핵연료, 우리가 집, 발전소와 자동차에서 태우며 전 세계가 의존하고 있는 석탄과 석유, 천연가스와 같은 모든 에너지는 지질학에 기원을 두고 있습니다.

지구의 생명체들은 수십 억 년이 넘는 동안 햇빛을 흡수하고 에너지를 사용해서 복잡한 탄화수소를 만들면서 번성해왔습니다. 많은 탄화수소는 다른 유기체에게 먹혀 재활용되지만 결국 유해는 땅에 묻힌 후 천천히 화석연료로 변합니다.

나무 화석, 석탄

3억 년 전 석탄기에는 숲이 우거진 늪지가 드넓은 육지를 뒤덮고 있었습니다. 거대한 나무고사리와 소철류가 자라서 번식한 뒤 죽고 부패했습니다. 두꺼운 토탄층을 형성한 사체는 쌓이고 압축되어 결국 석탄이 되었습니다. 엄청난 양의 탄소가 석회

화석연료의 간략한 역사

1775년	1825년	1908년	1920년
제임스 와트의 개선된 증기 엔진으로 지하 석탄 채굴 급증	러시아에서 상업용 석유 생산 시작	헨리 포드가 최초의 대량 생산 자동차 제작	미국이 러시아를 제치고 최대 산유국으로 성장

암 속 탄산칼슘과 석탄의 형태로 퇴적된 이 시기가 바로 석탄기입니다.

해저 화석, 석유와 천연가스

석유가 형성되기 위해서는 특별한 환경이 필요합니다. 인류에게는 다행히도 과거에는 그러한 환경이 꽤 흔했습니다. 석유가 만들어지기 위해서는 먼저 생명체가 풍부한 얕은 바다가 있어야 합니다. 운이 좋으면 죽은 미생물이 산소가 부족한 구역으로 가라앉으면서 부패가 지연될 것입니다. 이상적인 장소는 북해와 비슷한 퇴적분지인데, 이곳에서는 완만하게 확장하는 지각이 내려앉으면서 점점 더 많은 퇴적물이 쌓입니다. 그 결과 두 가지 사건이 일어납니다. 먼저 유기체의 사체가 점점 더 깊은 곳에 묻히면서 높은 압력에 노출됩니다. 다음으로 확장된 지각이 아래로부터 열을 받으며 사체가 익어갑니다. 묻혀 있는 퇴적물에서 살아 있던 박테리아들이 석유와 천연가스가 만들어지는 데 중요한 역할을 했을 가능성도 있습니다.

그 과정에서 석유와 천연가스가 형성되는데 여기에는 한 가지 조건이 더 필요합니다. 탄화수소는 밀도가 낮아 다공성 암석을 통과해 올라오기 때문에 축적되려면 갇혀 있어야 합니다. 다행히도 점토층은 돔 구조를 형성할 수 있어서 그 아래에 석유와 천연가스를 가둘 수 있으며, 소금과 마찬가지로 퇴적층을 통과해 상승할 수 있습니다. 이러한 구조는 멕시코만에서 발견됩니다.

1967년
최초의 북해 가스전 가동

1984년
광부 파업으로 영국 석탄 생산량 타격, 탄광 폐쇄

1988년
기후변화에 관한 정부간 협의체(IPCC)가 화석연료의 연소 효과 경고

2008년
원유 가격이 사상 최초로 배럴당 100달러 돌파(10년 만에 10배 상승)

석유 추출

2010년 일어난 딥워터 호라이즌 폭발 사고 현장

석유 산업은 특히 상대적으로 얕은 연안의 대륙붕 지역에서 지질학을 이해하는 데 엄청난 도움을 줍니다. 선박의 지진파 조사기술을 활용하면 음파를 사용해 상당히 깊은 층의 퇴적층을 통과할 수 있기 때문에 그 내부의 층과 구조를 밝힐 수 있습니다. 현재 석유탐사선은 해류와 거친 바다에서도 센티미터 단위로 위치를 유지하면서 수천 미터 깊이의 시추공을 뚫을 수 있습니다. 그뿐만 아니라 정확하게 수평을 조절해서 무리를 이룬 석유정과 가스정에 각각 도달할 수 있습니다.

그러나 보상이 큰 만큼 위험도 매우 높습니다. 연안의 석유탐사가 점점 더 깊은 물속으로 이동하기 때문에 위험성도 증가합니다. 그중에서도 갑작스럽게 석유나 천연가스의 고압 압축 공기가 빠져나가는 석유정 폭발이 가장 위험합니다. 이론적으로 석유정마다 시추공 위 해저에 정교하고 값비싼 분출제어장치를 갖추고 있지만, 2010년 4월 미국 루이지애나주 앞바다 멕시코만에서는 분출제어장치가 작동하지 않았습니다. 석유 시추선 딥워터 호라이즌호가 폭발의 직격탄을 맞아 가라앉으면서 11명이 사망했고, 닫히지 않은 석유정에서 수백만 톤의 원유가 연약한 해양환경으로 스며들어 최악의 참사로 기록되었습니다.

화석연료 고갈과 대안

'피크 오일peak oil'은 전 세계의 석유 생산 속도가 최고점에 이르는 시점을 말하며, 이 시점 이후로 생산량은 최종적인 감소세에 들어섭니다. 우리는 이미 일반 원유와 천연가스를 생산할 수 있는 최고점에 이르렀지만, 연료 가격이 오를수록 채굴에 경제적인 주변부 광상(유용한 광물이 땅속에 많이 묻혀 있는 부분)이 더 많아질 수 있습니다. 그중에 타르샌드tar sand와 유혈암oil shale은 탄화수소가 암석 속에 갇혀 쉽게 퍼낼 수 없는 구조입니다. 이 경우 파내거나 표면에서 작업할 수 없기 때문에 고압의 액체로 암석을 부수어 투과성 암석으로 변형시킨 후 증기나 용제를 사용해 탄화수소를 끄집어낼 수 있습니다. 하지만 이 방법은 환경에 좋지 않고 석유 회수 과정에서 엄청난 양의 에너지를 사용합니다.

화석연료가 고갈되기 시작하면 우리에게는 두 가지 대안만이 남을 것입니다. 궁극적으로 태양에서 얻을 수 있는 에너지(직사광선 또는 바이오매스, 풍력, 파도에너지)와 원자력발전입니다. 지금까지 원자력발전소는 우라늄을 연료로 써왔는데, 우라늄은 몇 세기 동안 사용이 가능한 유한한 지질학적 원료입니다. 이 때문에 초기에는 원자력발전 연구에 군사 목적으로 플루토늄을 사용하기도 했습니다. 잠재적으로 좀 더 풍부한 대안 원소는 앞으로 천 년 동안 사용할 수 있는 토륨입니다. 그러나 궁극적으로는 태양의 동력 방식이기도 한 핵융합이 유일한 선택지가 될 수 있습니다.

이산화탄소 저장

정치인들이 화석연료 연소로 인해 발생하는 이산화탄소 배출량을 줄이는 데 합의해서 기후변화 문제를 해결하려 애쓴다면 지질학자들은 발전소에서 배출하는 대규모의 이산화탄소를 처리할 방법을 연구하고 있습니다. 한 가지 방법은 깊은 해구의 높은 압력에서 동결시키는 것입니다. 또한 노르웨이의 해안에서 오래된 석유정과 가스정으로 이산화탄소를 내려 보내는 방법을 연구 중입니다. 이처럼 대기 중으로 배출되는 이산화탄소를 감축하는 기술을 CCUS라고 하는데, 탄소를 포집하고 활용하고 저장한다Carbon capture and storage는 뜻입니다.

광물자원

땅을 파면 보물이 나온다?

자동차부터 휴대전화까지 우리가 생산하는 모든 물건들은 지구에서 유래한 물질을 담고 있습니다. 어떻게 지구의 물질들이 물건의 일부가 되었을까요? 우리는 그 물질들을 어디에서 얻을 수 있으며 어떻게 채취할까요? 점점 더 기술적으로 진보하고 있는 우리의 문명을 지탱하는 데 충분한 양일까요?

지구 지각의 화학 조성은 규산염암이라고 할 수 있지만, 이는 주기율표에서 우라늄에 이르는 모든 원소로 이루어진 광물자원을 간과한 것입니다. 만약 암석이 균등하게 섞여 있다면 농도가 너무 낮아서 정제해 사용하기가 매우 어려울 것입니다. 다행히도 광석에서 경제적으로 추출할 수 있는 농도로 유용한 광물을 정제할 수 있는 여러 가지 방법이 있습니다. 광석의 엄격한 정의는 채굴해서 수익을 낼 수 있는 광물질을 함유한 암석입니다. 그러나 시장가격, 환경 요인, 정치적 변화 등이 있으므로 잠재적으로 유용한 모든 광석을 일반적으로 이르는 데 흔히 사용됩니다.

온도와 압력(단위: 섭씨)

4만 3천 년 전	**기원전 5500년**	**기원전 3천 년**	**기원전 2500년**
아프리카의 스와질란드에서 황토색 염료를 만들기 위해 적철광을 채굴한 최초의 증거	발칸반도에서 구리 채굴 시작	영국 노퍽의 그림동굴에서 신석기시대의 부싯돌 채굴	구리와 주석의 합금인 청동 사용, 영국 콘월에서 채굴된 주석 사용

지각 요리사

다수의 광상은 뜨거운 암석 또는 마그마의 위치와 관련이 있습니다. 마그마 내부에서 형성되는 경우도 있습니다. 화강암과 같은 녹은 마그마가 식으면서 서로 다른 광물은 여러 번에 걸쳐 결정화되어 층으로 쌓일 수도 있습니다. 또한 아직 녹아 있는 일부 액체가 서로 섞이지 않을 수도 있습니다. 이 경우 니켈과 구리, 백금을 함유하고 황이 풍부한 일부 액체들이 마그마굄magma chamber(다량의 마그마가 모여 있는 지하 공간)의 기반에서 분리될 수 있습니다.

세계 광상의 대부분은 마그마 형태와 관련이 있습니다. 광상은 마그마에서 유래할 수 있지만 마그마 주변의 암석에 축적됩니다. 여기서 중요한 요소는 물입니다. 뜨거운 마그마가 상승해서 압력이 방출되면 이미 마그마에 용해되어 있던 물은 주변 모암(기초 지반을 구성하는 암석)의 균열 속으로 스며듭니다.

뜨거운 물

열수용액hydrothermal fluid은 주로 황화물과 같은 많은 염 물질을 운반하는데, 황화물은 용액 속에서 많은 금속과 복합체를 형성할 수 있습니다. 온도와 압력이 낮아지면 광물은 용액에서 빠져나와 암석 균열을 덮으면서 암석을 광맥으로 바꿉니다. 광맥은 미세한 크기부터 수미터 두께에 이르기까지 다양한 규모로 존재할 수 있습니다. 그밖에도 광맥 내에서 함께 발견되지만 가치가 떨어지는 광물을 맥석gangue mineral이라 하는데, 이는 광부들에게 풍부한 광맥의 위치를 안내하는 역할을 합니다.

기원전 1400년
투탕카멘의 무덤에 매장된 철제 단검

기원전 700년
영국의 철기시대 시작

기원후 100년
로마제국 전역에 광업 확산

기원후 100년
에이브러햄 다비가 코크스를 사용하는 최초의 용광로 건설

2007년
칠레의 추키카마타 구리광산이 세계에서 가장 생산량이 많은 광산으로 성장

키프로스섬의 황화구리 폐광산

열수염수hydrothermal brine는 산성이 강할 수 있으며, 주변 모암과 반응해서 모암을 녹이고 그 자리를 다른 광물로 대체할 수 있습니다. 그 결과 금과 은, 구리가 풍부하게 존재할 수 있습니다. 화강암 마그마가 석회암과 같은 탄산염암과 접촉하는 곳에서는 화학반응이 대규모로 일어나서 스카른광상skarn deposit이 형성될 수 있는데, 이곳에는 철이나 구리, 납, 아연, 주석이 풍부할 수 있습니다.

지면과 가까운 곳에서는 주변 암석 속 지하수가 가열되어 광물에 스며들 수 있습니다. 이때는 산성도가 낮고 황화물 광물도 적지만, 마찬가지로 금과 은, 구리, 납, 아연을 함유할 수 있습니다. 이를 천열수광상epithermal deposit이라 합니다.

대양중앙에서 만들어진 보물

해수는 해양지각의 대부분을 구성하는 암석을 통해 스며듭니다. 그리고 해저에서 열수구 형태의 틈새와 균열을 통해 이동하면서 뜨거운 마그마나 차가운 마그마를 만나 암석의 광물을 용해하기 시작합니다. 이때 해수에는 납과 아연, 구리를 포함한 황화물 광물질이 풍부합니다. 뜨거운 물이 바다로 새어나오면 급격하게 식고, 더 이상 광물을 용해할 수 없어 '검은 연기' 상태로 광물을 침전시킵니다. 검은 연기는 열수구 주변에 일련의 연약한 굴뚝 형태를 만드는데, 이 굴뚝은 붕괴하면서 두꺼운 황화물

광상을 형성합니다. 광상은 결국 오래된 해양지각과 함께 지구 내부로 섭입해 들어가기도 합니다. 그러나 육지 위에 보존된 형태로 발견되는 경우도 가끔 있습니다. 청동기시대부터 황화구리를 채굴했던 광상이 있는 키프로스섬이 그 예입니다.

기름진 땅

광상의 마지막 생성 원인은 마그마의 열기와는 관련이 적습니다. 따뜻하고 축축한 열대기후의 두꺼운 토양층만 있으면 됩니다. 이러한 환경은 표층토에 산성수를 형성해서 화학적 침식을 일으키고 많은 토양광물을 용해, 제거할 수 있습니다. 이 과정을 통해 농축된 토양은 특정 금속을 풍부하게 함유할 수 있습니다. 1억 년 전에 만들어진 켄트 삼림지역의 철광상이 그 예이며, 지금도 같은 방식으로 열대지방에 라테라이트광상laterite deposit이 형성되고 있습니다. 보크사이트는 알루미늄이 풍부한 라테라이트의 한 형태이며 알루미늄의 주 공급원입니다.

희토류

인간 문명은 기술적 진보를 이룰수록 특정 원소에 점점 더 의존하고 있습니다. 그중 일부는 본래 희귀하기 때문에 추출하기 어렵거나 공급량이 부족한 상태입니다. 예를 들어 고성능 자석과 레이저, 태양전지, 특수 유리, 디스플레이장치, 터치스크린은 모두 특별한 원소를 다양하게 사용합니다. 그중 전 세계적으로 가장 희귀한 원소는 백금족금속입니다. 네오디뮴 같은 희토류원소는 풍력발전용 터빈에 들어가는 자석에 사용되는데, 아주 희귀하지는 않지만 채굴할 수 있는 장소가 드뭅니다. 몇몇 국가 중 특히 중국은 세계 공급량의 대부분을 통제하고 있습니다. 미래에는 전통적인 광산 외에도 원소를 추출할 수 있는 새로운 방법을 개발해야 합니다. 예를 들면 해수나 재활용 쓰레기에서 원소를 추출하는 것입니다. 궁극적으로는 우주와 희귀 금속 중 일부가 특히 풍부한 소행성을 탐색해야 할 가능성이 높습니다.

다이아몬드

이물질 섞인 다이아몬드를
좋아하는 사람들이 있다?

다이아몬드는 일반 사람들뿐 아니라 지질학자들이 열광하는 광물입니다. 다이아몬드는 결정격자를 이룬 가장 단단한 광물로, 30억 년의 역사와 지구 맨틀을 이동하는 여정에 대한 비밀을 간직하고 있기 때문입니다.

다이아몬드는 그을음이나 흑연과 똑같은 탄소로 이루어져 있습니다. 하지만 다이아몬드는 고압에서 화학적 결합을 3차원 격자로 재구성했기 때문에 놀라울 만큼 단단하고 투명하며, 특정 방식으로 절단하면 매혹적으로 반짝입니다. 이따금 미량의 질소원자가 격자 구조 속 탄소를 대체하면 노란 빛깔을 얻을 수 있고 붕소가 들어가면 푸른색이 됩니다. 또한 방사선에 손상되면 녹색으로 변하고 전단응력을 가하면 갈색이나 분홍색, 붉은색을 띠게 됩니다.

탄소의 변신

탄소가 다이아몬드로 변하려면 보통 130~200킬로미터 깊이의 땅속에서 나타나는

브라질 다이아몬드의 뿌리 깊은 역사

25억 년 전
이산화탄소를 흡수한 미생물이 죽은 뒤 퇴적물에 축적

22억 년 전
탄소가 풍부한 퇴적물이 오래된 해양 암석권과 함께 맨틀로 섭입

13억 년 전
하부 맨틀 깊은 곳에서 탄소가 다이아몬드로 결정화

아주 높은 압력이 필요합니다. 이 과정에 가장 적절한 온도는 섭씨 900~1,300도이며 이는 깊이에 비해 상대적으로 낮은 온도입니다. 고대 대륙 기반에 자리한 암석권은 다이아몬드가 만들어지는 데 가장 적합한 압력과 온도 조건을 갖추고 있기 때문에 지구에서 채굴되는 대부분의 다이아몬드가 이러한 지역에서 발견됩니다.

다이아몬드 분출

다이아몬드가 그 깊은 곳에서 지표면에 도달하기 위해서는 특별한 사건이 일어나야 합니다. 대부분의 화산은 용융이 일어나는 곳에 뿌리를 두고 있는데, 그 깊이는 지표면 아래 5~50킬로미터 사이입니다. 하지만 킴벌라이트kimberlite(흑운모를 함유한 감람암. 남아프리카의 킴벌리에서 나는데, 흔히 그 속에 다이아몬드가 들어 있다) 화산은 그보다 훨씬 깊어서 다이아몬드가 위치한 깊이까지 마그마를 공급합니다. 기록된 역사 속에서 킴벌라이트 화산 분출을 목격한 사람은 아무도 없었습니다. 분명 굉장한 광경이었겠지만 가까이 가고 싶지는 않았을 것입니다. 이 깊이에서 올라온 마그마가, 잘 흔들어 놓은 샴페인 병의 코르크 마개를 열 때처럼 표면으로 뿜어져 나오기 때문입니다. 이때 뜨거운 마그마는 초음속으로 분출될 수 있습니다.

　하지만 다이아몬드는 보통 화산 꼭대기에서 뿜어져 나오지 않으며, 만약 그랬다 하더라도 이미 오래 전에 사라졌을 것입니다. 세계에서 가장 큰 다이아몬드 광산은 화산에 연료를 공급하는 화산관volcanic pipe 안에 자리한 경우가 많습니다. 화산관은 깊이가 수킬로미터에 너비가 수백 미터에 이르며, 약간 당근과 비슷한 모양을 하

2억 년 전
맨틀 상승류가 다이아몬드를 상부 맨틀로 운반

1억 년 전
킴벌라이트 화산에서 다이아몬드가 지표면으로 분출

현재
다이아몬드를 채굴하고 연마하고 세공해 장신구로 사용

남아프리카공화국의 킴벌리 다이아몬드 광산

고 있습니다. 남아프리카공화국의 유명한 킴벌리Kimberley(킴벌라이트 화산의 이름이 여기에서 유래) 광산은 1억 년 전에 분출이 일어났고 침식으로 인해 약 1킬로미터가 넘는 깊이의 화산관이 지면에 모습을 드러냈습니다. 다이아몬드 자체의 나이는 대부분 10억 년 이상이고 가끔 30억 년이 넘는 경우도 있습니다. 그러나 모든 킴벌라이트 화산이 다이아몬드를 함유하고 있지는 않으며, 채굴할 가치가 없는 것도 있습니다. 다이아몬드를 찾으려면 많은 양의 단단한 암석을 부수어야 하지만, 그만한 가치가 있습니다.

유기 다이아몬드

다이아몬드를 구성하는 탄소는 서로 다른 동위원소로 구분되는 탄소-12와 탄소-13의 두 가지 주요 탄소원에서 유래합니다. 지구의 맨틀에서 유래한 탄소는 탄소-13을 더 많이 함유하고 있습니다. 하지만 일부 다이아몬드는 바닷속에 살아 있는 유기체에서 발견될 가능성이 높은 가벼운 탄소 동위원소를 함유하고 있습니다. 결과적으로 이 탄소는 살아 있는 유기체의 탄소 주기를 거쳐 해저 퇴적물의 일부가 되었다가 맨틀로 섭입되어 다이아몬드를 형성한 것으로 볼 수 있습니다.

다이아몬드가 전해 주는 메시지

보석상은 완벽하고 이물질이 없는 다이아몬드를 좋아하지만 지질학자들은 그렇지 않습니다. 이물질은 다이아몬드가 형성된 시기와 장소를 나타내는 물질이며, 생성 연대와 함께 생성 당시의 깊이를 밝혀주기도 합니다. 따라서 이물질로 다이아몬드의 인생을 재현할 수 있습니다.

워싱턴에 있는 카네기연구소의 스티븐 쉬리Steve Shirey 교수와 동료들은 이물질 표본을 얻기 위해 수년간 수천 개의 다이아몬드를 얇게 잘랐습니다. 최근에 연구진은 35억 년 이상 된 모든 다이아몬드가 맨틀 탄소만을 함유하고 있다는 사실을 확인했습니다. 해양 퇴적물 속 유기물에서 기원한 탄소들은 모두 그 후에 나타났습니다. 연구진은 이 사실이 최초의 해양지각 섭입과 대륙이동의 원동력이 되는 윌슨 주기의 시작을 나타내는 지표라고 결론지었습니다.

다이아몬드의 이물질은 대륙 암석권보다 훨씬 깊은 위치의 광물 특징을 갖고 있는 경우가 있습니다. 일부는 하부 맨틀에서 나오는 고압 페로브스카이트 광물을 함유하기도 합니다. 브라질의 한 광산에서 나온 다이아몬드는 660킬로미터보다 깊은 하부 맨틀의 특징뿐만 아니라 유기물 탄소에서 유래한 가벼운 탄소 동위원소를 함유하고 있었습니다. 이는 맨틀 전체가 순환한다는 가설의 직접적인 증거가 됩니다. 탄소가 풍부한 퇴적물을 함유한 해양지각이 하부 맨틀 기반으로 섭입한 후 맨틀 상승류에 탄소를 공급했고, 최종적으로 백악기에 현재의 브라질 지역에서 분출했을 것입니다.

다이아몬드 연마하기

인간에게 가장 단단한 물질로 알려진 다이아몬드는 연마하기가 매우 어렵습니다. 다행히도 방향에 따라 단단함이 다르기 때문에 결정축을 확인하면 끝에 작은 다이아몬드를 장착한 숫돌이나 톱날을 이용해 다이아몬드의 면을 연마하고 세공할 수 있습니다. 인류는 14세기부터 다이아몬드를 연마해왔지만, 현재 다이아몬드 연마 기술은 첨단기술산업입니다. 전 세계 다이아몬드의 90퍼센트는 인도 구자라트의 수라트 지역에서 연마합니다. 전문가들은 컴퓨터를 이용해 거친 다이아몬드의 모형을 만들어 결정축과 이물질을 확인하고 가장 가치 있는 세공 다이아몬드를 얻을 방법을 찾습니다. 연마하는 데 레이저를 점점 더 많이 사용하고 있습니다.

3장

지구의 표면

- ☑ 암석 순환
- ☐ 지형
- ☐ 점진주의와 격변설
- ☐ 퇴적작용
- ☐ 해양 순환
- ☐ 대기 순환
- ☐ 물 순환
- ☐ 탄소 순환
- ☐ 기후변화
- ☐ 빙하기
- ☐ 만년설
- ☐ 눈덩이 지구

암석 순환

오래된 암석에서 새로운 암석이 탄생한다고?

모든 암석과 대륙은 홀로 완전하지 않습니다. 이제 우리는 땅 위로 시선을 돌려 공기와 물이 협력하는 과정, 즉 대기와 바다에 대해 살펴볼 것입니다. 지금까지 살펴본 모든 이론을 요약한 것이 암석 순환 이론입니다. 상승한 것은 결국 다시 하강합니다. 이 때문에 지구라는 행성은 본질적으로 재활용 센터라고 할 수 있습니다.

우리는 앞서 단단한 맨틀이 순환하고 그 맨틀의 일부가 녹아 지각을 형성한다는 사실을 살펴보았습니다. 해양지각이 축적된 퇴적물의 일부를 이끌고 다시 맨틀로 섭입한다는 내용도 다루었습니다. 이제부터는 바닷속과 육지 사이에서 일어나는 현상에 대해 알아가려고 합니다. 공기와 물, 열, 심지어 생명체까지 모든 물질은 주기에 따라 순환하며 우리도 언젠가는 순환의 일부가 될 것입니다. 이제 우리는 지구 자체의 물질인 암석에 영향을 미치는 주기에 대해 알아보겠습니다.

1679년
로버트 훅이 노아의 홍수가 일어난 150일 동안 형성되기에는 화석을 포함한 층이 너무 두껍다는 사실을 확인

1776년
제임스 키어가 자이언트 코즈웨이(거인의 둑방 길)는 녹은 암석이 식으면서 형성된 지형이라고 주장

1779년
르클레르 뷔퐁이 지구의 나이가 적어도 7만 5천 년이라고 주장

1788년
제임스 허턴이 『지구의 이론』 출간

허턴의 암석 순환 이론

바다와 대륙에서 발생하는 순환 과정을 처음 인식한 사람 중 하나는 현대 지질학의 아버지로 불리는 제임스 허턴James Hutton입니다. 1785년에 허턴은 육지에 침식되어 바다로 이동한 퇴적물이 해저에 축적되고 단단한 암석으로 변한 뒤 융기를 통해 다시 침식되기 시작한다는 암석 순환 이론을 최초로 기술했습니다.

　허턴의 이론은 화성론Plutonism에 대한 믿음과 깊이 관련되어 있었습니다. 화성론이란 현무암과 화강암 같은 많은 암석이 한때는 녹은 마그마였다는 이론입니다. 화성론은 반대 이론인 수성론neptunism과 대립했습니다. 수성론은 모든 암석이 바다 아래에 침전한 퇴적암이라는 주장입니다. 허턴은 충분히 깊이 가라앉는다면 퇴적암과 화성암, 변성암의 3가지 암석은 모두 녹을 것이라고 처음으로 주장했습니다. 더 나아가 녹은 암석이 화산 폭발로 상승하거나 얕은 곳의 암석으로 관입해 산맥을 형성할 수 있다고 주장했습니다.

　공기가 없는 달의 건조한 표면과는 달리 지구 표면의 암석은 환경 때문에 평형상태를 유지하기가 매우 힘듭니다. 암석은 산맥으로 융기하자마자 공기와 얼음, 물의 힘으로 침식되어 다시 가라앉기 시작합니다. 이제부터 이러한 물리적 기제의 결과에 대해 좀 더 자세히 알아보겠습니다.

암석 순환의 화학

암석 순환에서 주요 과정 중 하나는 물리적 반응이 아니라 화학적 반응입니다. 빗물

1797년
제임스 홀은 화성암이 녹은 물질에서 결정을 이루어 생성되었음을 증명

1807년
런던지질학회가 처음으로 암석 순환 주제에 전념

1830년
찰스 라이엘이 『지질학 원리』에서 지구의 나이가 수억 년임을 증명

1964년
투조 윌슨이 판구조론을 통합해 암석 순환 이론을 확장

에 녹은 이산화탄소는 약산성을 띠기 때문에 특히 현무암 같은 암석 속 광물과 반응해서 점토광물을 만듭니다. 점토광물은 구조에 물을 결합해서 암석 순환의 후기에 지각변동 과정을 원활하게 합니다. 이러한 화학적 침식은 대기 조성을 변화시키기 때문에 새로운 산맥지대의 융기 직후에 대기 중 이산화탄소가 감소할 수 있습니다.

암석 순환에는 물이 필수입니다. 물은 이산화탄소를 용해시켜 화학적 풍화를 일으키는 탄산을 만듭니다. 탄산은 부드러운 퇴적물을 침식시키고 용해성 광물을 녹입니다. 얼음을 형성한 물은 균열에서 팽창해서 암석을 부수며 빙하로 성장해서 암석을 으깨기도 합니다. 또한 물은 퇴적물이 축적될 수 있는 곳으로 운반하고, 퇴적물이 지구 내부로 이동하는 과정을 원활하게 하며 마그마의 녹는점을 낮춥니다.

알갱이가 돌이 되는 과정

'암석'의 정의는 일부 퇴적물까지 포함할 정도로 범위가 넓습니다. 침식으로 인해 씻긴 진흙과 모래, 자갈이 궁극적으로 퇴적암을 형성하는 변화 과정은 느리고 점진적으로 일어날 수 있습니다. 본질적으로 퇴적 과정은 암석 내부 공극구조의 붕괴를 나타냅니다. 위에 쌓인 퇴적물의 무게로 인해 압축되거나, 공극에 화학물질이 새로 채워지면서 알갱이들이 하나로 결합하는 교결작용膠結作用, cementation(물에 녹아 있는 광물 성분들이 퇴적물을 통과하면서 증발이나 화학적 변화에 의하여 가라앉아 부스러기를 엉겨 붙게 하는 작용)을 통해 이루어집니다. 화학적 시멘트는 퇴적물 자체 내에서 형성되거나 외부에서 스며들 수 있는데 이 과정을 속성작용diagenesis이라 합니다.

물론 암석 순환은 단순한 과정이 아닙니다. 퇴적암과 화성암, 변성암 등 3가지 기본적인 암석은 모두 융기하고 침식될 수 있습니다. 모든 암석은 땅 속에 묻히고 열과 압력으로 인해 변형될 수 있습니다. 그리고 부분 용융을 거치기도 합니다.

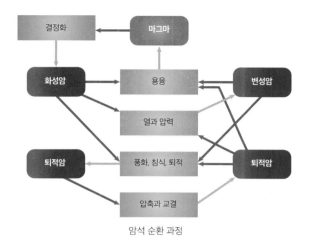

암석 순환 과정

윌슨 주기

1960년대에 투조 윌슨은 그의 새로운 이론인 판구조론을 통합함으로써 암석 순환 이론을 발전시켰습니다. 윌슨은 암석 순환에 맨틀대류 과정을 도입했고, 맨틀 내부의 마그마 생성과 섭입 과정을 통해 윌슨 주기(초대륙의 생성부터 분열에 이르는 한 과정)를 심화하고 완성했습니다.

허턴의 부정합

제임스 허턴은 현재 '허턴의 부정합Hutton's Unconformities'으로 알려진 스코틀랜드의 여러 현장을 방문한 후 관찰을 통해 부정합 이론을 정립했습니다. 먼저 아란섬은 캄브리아기에 변형된 편암으로 인해 거의 수직에 가까운 지층을 이루고 있습니다. 그 후 지층은 침식되어 훨씬 젊은 사암층이 수평으로 그 위를 덮었습니다. 제드버러 근처에 훨씬 명확한 표본이 있다는 사실을 알게 된 허턴은 "지구 자연사에서 흥미로운 지형을 발견하는 행운을 얻을 수 있어 굉장히 기뻤다"라고 기술하기도 했습니다. 부정합 지형은 융기와 침식, 퇴적으로 이어지는 연속적인 순환이 일어난다는 사실을 증명하는 단서가 되었습니다.

지형

지형이 계속 바뀌는 이유는 무엇 때문일까?

모든 돌은 자신의 형성 과정과 조성, 역사를 말해주는 내적 이야기를 간직하고 있습니다. 우리 주변에서 볼 수 있는 암석과 암석이 발견되는 지형 역시 그것을 조각하고 침식시키는 힘에 대한 외적 이야기를 담고 있습니다. 자연지리학은 우리에게 그 지형에 대한 이야기를 들려줍니다.

태양의 힘

궁극적으로 지구 표면의 거의 모든 침식 과정은 태양으로부터 힘을 얻습니다. 태양 에너지는 대기를 순환시키고 바람을 움직입니다. 햇빛은 물을 증발시켜 구름을 만들고 눈과 비를 내려 강과 빙하를 만듭니다. 태양이 끌어올리는 것은 중력이 끌어내리며, 절삭력을 얻은 빗물은 암석을 깎아서 그 잔해를 협곡과 분지, 바다의 가장 낮은 지점으로 떨어뜨립니다.

그랜드캐니언의 역사

20억 년 전
그랜드캐니언에서 가장 오래된 암석

10억 년 전
침식을 겪은 육지에서 '대부정합' 시작

5억 년 전
부정합 종료, 해양 퇴적물 유입

2억 8천만 년 전
페름기, 바람으로 이동한 모래 언덕이 땅에 퇴적

침식 속도

높이 올라갈수록 더 빨리 떨어집니다. 침식 속도는 보통 젊은 산악지역에서 훨씬 더 빠릅니다. 이 속도는 기본적으로 풍화 속도와 이동 속도의 두 가지 요소에 따라 달라집니다. 풍화 자체는 화학적 풍화와 물리적 풍화 두 가지가 있습니다. 화학적 풍화에서는 약산성의 빗물이 석회암과 같은 암석을 용해시키거나 규산염과 반응해서 점토를 만듭니다. 또한 균열과 틈새를 따라 발생하는 경향이 있기 때문에 결과적으로 큰 조각을 느슨하게 만듦으로써 물리적 풍화를 돕습니다.

물의 힘

물리적 풍화의 가장 강력한 매개체는 물이며, 특히 얼음 상태일 때 영향력이 큽니다. 물은 얼면서 팽창하기 때문에 좁은 균열 속 얼음은 쐐기처럼 작용해서 단단한 암석을 부술 수 있습니다. 그보다 큰 규모에서 보면 빙하의 얼음은 넓은 골짜기를 도려내고 암석을 진흙으로 으깨는 엄청난 힘을 발휘하기도 합니다. 빠르게 흐르는 산의 개울은 형성되는 속도만큼 빠르게 잔해를 이동시킬 수 있기 때문에 침식이 풍화 속도에 영향을 받습니다. 그로 인해 노출된 수많은 암석으로 이루어진 황량한 풍경이 형성됩니다.

　침식이 운반 속도에 영향을 받는 지역에서는 퇴적물이 축적되기 쉽습니다. 운반이 원활하지 않았던 마지막 빙하기의 풍화 속도를 예로 들 수 있습니다. 현재 북반구의 여러 강에 담긴 퇴적물의 상당수는 빙벽이 후퇴함으로써 남겨진 것들이며, 이 물

2억 3천만 년 전
가장 어린 퇴적 석회암

1,700만 년 전
그랜드캐니언 서쪽 구역 형성 추정

530만 년 전
캘리포니아만이 열리고 협곡이 빠르게 깊어지며, 협곡의 동쪽과 서쪽 연결

3,200년 전
푸에블로족이 협곡 점령

1919년
그랜드캐니언 국립공원 설립

질들은 느슨하게 결합되어 있어 무르기 때문에 빠르게 침식됩니다.

바람의 힘

바위를 보호해줄 물도 식물도 없는 매우 건조한 땅에서는 바람이 우위를 차지합니다. 바람은 들어 올린 모래알을 작은 끌처럼 이용해서 특징적인 사막 지형을 조각합니다. 바람은 각각의 모래알을 공중에 오래 띄워 놓을 힘은 없을 수도 있습니다. 대신에 약동躍動, saltation이라는 방식으로 알갱이를 짧게 튀어 올려 이동시킵니다. 하지만 모래알 하나가 땅에 부딪힐 때마다 다른 모래알을 공중으로 띄웁니다. 그래서 바람의 침식은 지면 근처에서 가장 강하게 일어나 암석 형성 과정에서 하방침식을 일으킵니다.

U자 계곡과 V자 계곡

침식은 빗방울이나 모래알 크기로 시작하지만 침식이 새긴 특징적인 지형은 그보다 훨씬 거대합니다. 얼음이나 물이 새긴 산악지대 풍경에는 전형적인 차이점이 있습니다. 빙하는 면이 오목하고 굴곡이 완만한 U자 계곡을 만듭니다. 작은 빙하가 계곡 바닥이 아니라 빙하 표면으로 흘러들어가는 곳에서는 원래 계곡의 측면에 높이 자리한 현곡(하천의 지류와 본류가 합류하는 지점에서 비탈이 급하여 폭포나 급류를 이루는 골짜기)을 만듭니다. 빙하는 오르막으로 이동할 수 있기 때문에 빙하 계곡이 아주 깊어질 수 있고 계곡 바닥에 피오르fjord(내륙으로 깊게 뻗은 만灣)와 호수를 만듭니다.

반대로 강 계곡은 면이 곧거나 볼록한 V자 계곡입니다. 물은 모퉁이를 돌아 흐를 수 있기 때문에 양쪽의 산줄기가 겹치면서 강 계곡에 급격히 꺾이는 굽이가 형성될 수 있습니다. 지질학적 지형 때문에 강과 폭포가 생길 수 있지만, 물은 항상 아래쪽으로 흐르기 때문에 지나가는 길을 더 깊게 파헤치지는 않습니다.

빙하가 만든 U자 계곡과 피오르(노르웨이의 게이랑게르피오르)

침식윤회 가설

1899년 미국의 지질학자 윌리엄 모리스 데이비스William Morris Davis는 침식윤회 가설을 발표하면서 유년기, 장년기, 노년기를 거치면서 지형이 달라진다고 주장했습니다. 유년기에는 정상이 높고 좁으며 깊은 계곡입니다. 장년기에는 계곡이 넓어지고 노년기에는 저지대 평원이 됩니다. 윌리엄의 침식윤회 가설은 여전히 교과서에 실려 있지만, 최근에는 주기를 지나치게 단순화했다는 평가를 받고 있습니다. 모든 풍경의 지형은 기본적인 지질학과 지질학에 작용하는 힘의 결과물이며 각각 독특한 이야기를 담고 있습니다.

그랜드캐니언

미국의 그랜드캐니언Grand Canyon은 지구상에서 가장 장관을 이루는 침식 지형일 것입니다. 종교 근본주의자들은 성경의 대홍수로 인해 그랜드캐니언이 형성되었다고 주장하지만, 지질학자들은 그랜드캐니언의 나이가 수백만 년이라는 사실에 동의하고 있습니다. 지질학자들은 연대 분석을 통해 이곳의 방해석 동굴 광상이 이미 1,700만 년 전에 형성되기 시작했다는 사실을 밝혔습니다. 연대가 20억 년에 이르는 퇴적물을 잘라낸 동굴은 길이 446킬로미터, 너비 약 30킬로미터, 깊이 1,800미터에 이릅니다. 콜로라도강이 조각한 그랜드캐니언의 풍경은 물의 절삭력을 보여주는 엄청난 경관입니다.

점진주의와 격변설

지구의 모습은 한순간에 변했을까,
서서히 달라졌을까?

우리 발밑에 자리한 지구는 단단하고 변하지 않는 것처럼 보이지만, 지질학적 시간이 지남에 따라 점진적으로 변화하면서 산을 움직일 수도 있습니다. 허리케인과 지진, 홍수와 화산이 일으킨 변화는 더 극적입니다. 그렇다면 지구는 재앙으로 인해 만들어졌을까요, 아니면 점진적으로 변화했을까요? 18세기부터 맹렬히 이어진 이 논쟁은 아직 결론이 나지 않았습니다.

성경 속의 재앙

18세기 이전까지 모든 과학자들은 신학으로 학문을 시작했습니다. 학계에서 우위를 점하고 있던 교회는 성경의 기록에 따라 지구가 기원전 4004년에 창조되었다는 어셔 주교의 추정을 지지했습니다. 그러나 모든 암석을 퇴적시켜 지형을 조각하는 풍화와 운반의 일상적인 과정이 이루어지기에 6,000년은 충분한 시간이 아니었습니다. 유일한 대안은 그보다 훨씬 거대한 재앙이 일어났을 것(격변설)이라는 추측이었으

1654년
어셔 주교가 지구가 기원전
4004년에 탄생했다고 주장

1787년
아브라함 베르너가 수성론 주장

1796년
조르주 퀴비에가 격변설 주장

며, 이 생각은 노아의 홍수 같은 성경 속 이야기를 통해 널리 퍼졌습니다.

격변설의 가장 유명한 지지자는 18세기 프랑스의 조르주 퀴비에Georges Cuvier 남작이었습니다. 그는 해부학자였고 파리 분지에서 지질학 분야를 연구하지는 않았지만, 그럼에도 다양한 화석을 포함한 수많은 암석층과 경사진 암석들의 연관성에 깊은 인상을 받았습니다. 그는 성경의 시간척도에서 격렬한 대변동 없이 그러한 변화가 일어나는 것은 불가능하다고 주장했습니다. 그러나 이러한 재앙이 왜 일어났는지 그 원인과 기제를 제시하지는 못했습니다.

수성론

퀴비에는 수성론의 지지자이기도 했습니다. 독일의 아브라함 베르너Abraham Gottlob Werner가 주장하고 작가 괴테의 지지를 받았던 수성론은 현무암과 화강암을 포함한 모든 암석이 원시 바다의 바닷물에 침전되었다는 이론입니다. 수성론 지지자들은 이따금 높은 산에서 발견되는 화석이 종종 해양 유기체라는 사실을 인식하고, 그곳이 한때 방대하고 깊은 바다였을 것이라고 주장했습니다. 처음에는 지구 전체가 물로 이루어져 있었고 물에 침전된 고체가 대륙이 되었을 것이라는 주장입니다.

동일과정설

제임스 허튼이 『지구의 이론』(1788)에서 제시한 '동일과정설'은 지질학자라면 기본법으로 삼아야 할 만한 이론입니다. 동일과정설의 핵심은 몇 년 뒤에 또 다른 스코틀랜

1788년
제임스 허튼이 점진주의와 화성론을 주장하는 『지구의 이론』 발표

1830년
찰스 라이엘이 『지질학 원리』 발표

1865년
아치볼드 기키 경이 '현재는 과거를 보여주는 열쇠'라고 발언

점진주의를 주장한 찰스 라이엘의 『지질학 원리』 표제 그림(달라진 해수면을 보여주기 위해 사용한 이탈리아 포추올리 사원의 기둥 그림)

드의 지질학자 아치볼드 기키Archibald Geikie 경의 '현재는 과거를 보여주는 열쇠'라는 문구로 간결하게 요약할 수 있습니다. 다시 말해 지질학적 기록으로 남은 모든 변화와 과정은 오늘날 지구에서 발생하는 현상들로 인해 일어날 수 있습니다.

언뜻 보기에 암석만큼 견고하고 변치 않는 물체는 없습니다. 하지만 좀 더 자세히 들여다 보면 지난밤 비로 씻겨 내려간 진흙이나 높은 파도가 지난 자리에 남겨진 모래 위 선들을 확인할 수 있을 것입니다. 이처럼 우리 주변은 점진적인 변화로 가득합니다. 지구를 변화시키기 위해 필요한 것이 있다면 바로 헤아릴 수 없이 긴 시간입니다. 일단 어셔 주교의 제한 시간에 대한 한계에서 벗어나면 모든 것이 가능해집니다.

점진주의

동일과정설 또는 점진주의gradualism는 영국의 위대한 지질학자 찰스 라이엘Charles Lyell 경이 제안했습니다. 1830년 라이엘의 저서 『지질학 원리The Principles of Geology』의 부제인 '현재 발생하고 있는 원인들을 참고해 지구 표면에서 일어난 이전의 변화를 설명하려는 시도'라는 말을 이해하면 라이엘이 지지하는 주장을 명확하게 이해할 수 있습니다. 시간의 길이에 관한 라이엘의 주장은 점진적인 변화를 지지하기 위해 필수였으며, 그의 친구 찰스 다윈이 자연선택에 따른 진화론을 발전시키는 배경이 되었습니다.

신격변설

지질학적 시간에서 이루어지는 점진적인 변화는 많은 것을 설명해줍니다. 그러나 그 시간 동안 하루하루는 똑같지 않습니다. 어떤 날이 맑으면 그다음 날에는 비가 옵니다. 몇 년마다 재앙과도 같은 폭풍이나 끔찍한 홍수가 일어날 수도 있습니다. 미진(진도 1 규모의 약한 지진)과 화산활동은 늘 있지만, 몇 달에 한 번씩 매우 파괴적인 지진 소식이 들려오기도 하고 몇 천 년에 한 번씩 초화산이 폭발합니다. 작은 사건이 일상적으로 발생하는 반면, 큰 사건은 드물지만 여전히 일어납니다. 이처럼 국부적으로 여러 번의 격렬한 변화가 있었다는 주장이 신격변설neo catastrophism입니다. 이따금 할리우드 영화나 과학 다큐멘터리에서 과장해 표현되긴 하지만, 재해는 여전히 지구에서 중요한 역할을 맡고 있습니다. 재해가 일어나지 않아 기록이 없는 채 지나간 시간보다 짧은 파괴의 시간 동안 더 많은 흔적을 남길 수 있기 때문입니다.

만약 지질학적 시간을 돌이켜본다면 분명 자연은 균일하지 않고 변화는 점진적이지도 않을 것입니다. 과거에 기후와 대기 조성은 지금과 달랐습니다. 지구는 계속해서 식고 있으며 태양은 뜨거워집니다. 생명체는 바다를 변화시켰고 육지로 이동했으며, 육지를 콘크리트로 덮기 시작했습니다. 점진적인 변화는 분명히 이어지고 있지만 초기 조건은 10억 년 전과 같지 않습니다.

퇴적작용

퇴적암에는 지구의 비밀이 쌓여 있다?

퇴적암은 지각 암석의 10퍼센트 미만을 차지하며 지구 표면의 얇은 판을 이루고 있을 뿐입니다. 하지만 우리가 가장 자주 마주치고 집이나 도로를 건설할 때 가장 자주 사용하는 암석입니다. 각각 퇴적암은 책처럼 형성 당시의 이야기를 담고 있으며, 화성암과 변성암에 이은 세 번째 주요 암석입니다.

암석 순환에 끝이 있다면 퇴적암은 그 종점에서 형성되는 암석입니다. 산맥의 용해된 잔해나 토대, 심지어 동식물의 사체까지도 모두 퇴적암을 구성하는 재료가 됩니다.

퇴적암의 종류

퇴적암은 보통 공급원과 조성, 질감에 따라 분류합니다. 퇴적암 중에 가장 풍부한 암석인 쇄설암은 침식된 알갱이나 조각으로 이루어집니다. 원재료는 주로 규산염이며 그중에서도 아주 단단하고 흔한 물질인 석영인 경우가 많습니다. 장석 역시 현무암

런던의 퇴적물

4억 2천만 년 전	1억 3천만 년 전	7천만 년 전
런던의 땅속 깊은 곳에서 발견된 실루리아기의 고대 암석	산소가 부족한 깊은 물속에 퇴적된 골트점토	따뜻한 얕은 바다에 깔린 매우 두꺼운 흰색 백악 퇴적물

의 화학적 풍화로 만들어진 점토 광물과 마찬가지로 흔한 구성성분입니다.

비쇄설성퇴적암은 유기물이나 화학물질로 이루어져 있습니다. 유기물인 경우에는 갈탄과 석탄, 석유, 패각암(생물의 석회질 껍데기나 뼈의 조각으로 이루어진 퇴적물), 석회질 미생물의 골격으로 만들어진 일부 석회암이 있습니다. 화학물질인 경우에는 암염과 석고, 경석고, 동굴 안이나 얕은 바다에 침전된 석회암을 포함합니다.

퇴적 환경

퇴적암은 형성 당시의 환경에 대한 정보를 줄 수 있습니다. 변수 중 하나는 환경의 에너지입니다. 물살이 빠른 강이나 파도가 부서지는 해변은 고에너지 환경입니다. 반대로 고여 있는 호수나 갯벌, 깊은 바닷속은 저에너지 환경입니다. 고에너지 환경에서는 모든 크기의 입자가 이동할 수 있습니다. 그러나 범람원에서처럼 물살이 느려져 에너지가 떨어지면 더 이상 큰 알갱이를 운반할 수 없기 때문에 처음에는 자갈이, 그다음에는 모래, 마지막으로 진흙이 부유물 밖으로 떨어질 것입니다.

일부 퇴적암은 육지에 퇴적되어 있습니다. 가장 흔한 경우는 바람에 날려 이동하며 잘 분류된 퇴적암과, 커다란 바위부터 고운 진흙까지 모든 크기의 입자를 포함할 수 있는 빙하 퇴적물입니다. 그 밖에도 갈탄이나 석탄으로 굳고 압축될 수 있는 토탄 역시 육지 퇴적물입니다.

5,500만 년 전
모래와 실트 같은 하구와 호수, 해양 퇴적물이 연속해서 축적

4,500만 년 전
얕은 바다에 두꺼운 점토 퇴적물 형성

50만 년 전
전진하는 빙하가 템즈강의 방향을 현재의 계곡 위치로 돌려 자갈 퇴적물을 남김

로키산맥에서 발원해서 멕시코의 캘리포니아만으로 흘러드는 콜로라도강 삼각주와 사구(오른쪽)

삼각주와 사구

바다에 도달한 강은 에너지를 잃으면서 엄청난 양의 퇴적물을 남깁니다. 하성삼각주 river delta는 수천 제곱킬로미터 넓이로 펼쳐지며 수천 미터 두께의 퇴적물을 쌓을 수 있습니다. 보통 퇴적물은 수평으로 쌓이지만 퇴적되지만 항상 그런 것은 아닙니다. 침식 후 다시 퇴적이 이루어지는 곳에서는 경사면 아래쪽에 낮은 각도로 층이 쌓일 수 있습니다. 이 현상은 하성삼각주와 사구에서 모두 발생할 수 있고, 일정한 각도로 연속한 띠구조인 사층리cross-bedding를 형성하기도 합니다.

해침과 해퇴

해수면이 상승하거나 하강할 수 있고, 육지 역시 융기하거나 하강할 수 있습니다. 그 결과 퇴적 환경이 변화할 수 있고 변화한 환경은 서로 다른 암석층에 반영됩니다. 해안선이 내륙으로 들어오고 퇴적물이 점진적으로 깊어지는 바다에서는 해침marine transgression이 발생합니다. 반대로 바다가 후퇴하고 퇴적물이 얕아지는 현상은 해퇴 marine regression라 합니다. 육지로 둘러싸인 바다가 모두 마르면 암염과 석고 같은 화학적 증발 퇴적층을 남깁니다.

퇴적분지

이따금 판이 이동하는 힘으로 인해 지각이 얇아지기도 합니다. 이때 바닷물은 가라앉은 지각 위에 흘러넘치며 침전물을 퇴적시킵니다. 퇴적물의 무게 때문에 분지가 가라앉는 악순환이 발생하면 퇴적층이 최대 10킬로미터 두께까지 발달할 수 있습니다. 지각이 늘어나면서 암석권도 함께 얇아지기 때문에 뜨거운 연약권이 올라오면서 퇴적물을 가열합니다. 이 과정은 석유를 비롯한 탄화수소의 숙성을 도울 수 있습니다. 대표적인 예가 북해입니다.

심해 퇴적물

육지에서 멀리 떨어진 심해에서는 퇴적이 훨씬 느리게 일어납니다. 4천 미터 아래부터는 탄산칼슘이 가압수에 용해되기 때문에 심해에서는 석회암이 형성될 수 없고 석회질 미생물의 골격은 심해저에 도달하지 못합니다. 하지만 이산화규소를 함유한 골격은 깊은 곳까지 도달할 수 있습니다.

속성작용

침전물이 쌓인 후에도 이야기는 끝나지 않습니다. 퇴적물은 층 위에 층을 쌓으면서 속성과정을 통해 짓눌리고 압축되고 접합합니다. 점토는 부피 중 60퍼센트가 물이며 수분이 빠져나가면 미세하게 층화된 혈암으로 압축됩니다. 탄산칼슘이 있으면 점토는 단단한 석회질 이암으로 결합할 것입니다. 모래에 압력이 가해지면 그 위치에 있는 모래알이 용해되고 다시 퇴적되어 단단한 사암을 형성하게 됩니다.

퇴적분지의 또 다른 종류는 해저 섭입과 관련이 있습니다. 해양지각이 대륙의 경계 아래로 하강하면 침전물이 떨어져 나가면서 부가체를 형성하곤 합니다. 부가체는 대륙지각 경계에 침전물을 쌓아 전호분지forearc basin라는 얕은 분지를 형성합니다. 동시에 대륙 경계의 화산 봉우리가 대륙을 짓누르면서 산맥 뒤쪽에 쌓인 퇴적물이 얕은 분지를 형성하는데, 이를 후열도분지back-arc basin라 합니다.

해양 순환

해류가 순환하지 않으면 어떻게 될까?

지구 표면의 71퍼센트를 차지하고 모든 물의 97퍼센트를 차지하는 바다는 지구 표면에서 일어나는 역동적인 현상의 중심지입니다. 바닷물의 위쪽 2미터는 전체 대기보다 많은 열기를 담고 있기 때문에 해류의 열기순환은 지구 기후를 제어하고 조정하는 중요한 역할을 합니다.

코리올리힘

표층해류는 부분적으로 탁월풍prevailling wind(한 지역에서 특정 방향으로 부는 빈도나 강도가 우세한 바람)으로 움직입니다. 하지만 뉴턴의 운동의 법칙에 따르면 모든 움직이는 물체는 일정한 방향을 유지하려 합니다. 회전하는 지구의 표면에서는 불가능한 일이지만 그럼에도 여전히 물체는 일정한 방향을 유지하려 할 것입니다. 그 결과가 바로 코리올리힘Coriolis force입니다. 코리올리힘은 북반구에서 운동 방향의 오른쪽으로 작용하고 남반구에서는 왼쪽으로 작용합니다. 그 결과 원을 그리며 순환하는 방대한 해류 체

해양학 연대기

1777년	1812년	1835년	1872~1876년
영국의 지리학자 제임스 렌넬이 해류가 바람으로 인해 움직인다고 주장	알렉산더 폰 훔볼트가 차갑고 깊은 해류가 극지방에서 적도를 향해 흐른다고 기술	귀스타브 가스파르 코리올리가 표층해류가 순환하는 체계라는 사실 확인	챌린저호가 해양학에 기여한 최초의 항해

게인 환류가 형성됩니다. 가장 좋은 예는 해류를 방해할 육지가 없는 북태평양입니다. 수많은 플라스틱 쓰레기가 둥둥 떠다니다가 잠잠한 환류 중심에 쌓이는 북태평양은 일회용 플라스틱 시대의 슬픈 반영입니다.

1992년 1월, 중국 공장에서 만든 고무오리를 실은 3개의 컨테이너 화물이 태평양 태풍에 휩쓸려 바다로 떨어졌습니다. 2만 9천 개의 오리 중 약 3분의 2는 남쪽으로 표류해서 인도네시아섬과 오스트레일리아에 상륙했습니다. 나머지는 북쪽으로 이동해 북태평양환류에 합류했습니다. 일부는 베링해협으로 들어간 뒤 천천히 움직이는 북극 얼음에 갇혔다가 결국 8년 후에 북대서양에서 모습을 드러냈습니다.

원격 탐사

해양학자들은 물에 떠 있는 부표와 미리 정해진 깊이로 가라앉았다가 수면 위로 떠오르면서 인공위성으로 무선 데이터를 반사하는 부표를 이용해 더욱 정교한 방식으로 해류를 추적합니다. 특히 우주시대는 해양학을 혁명적으로 변화시켰습니다. 예전에는 연구선과 상선 자원봉사자들은 배에서 양동이를 내려 표본을 채취하는 방식으로 온도와 염도만을 추적할 수 있었습니다. 오늘날에는 인공위성으로 우주에서 매일매일 파도와 해류뿐만 아니라 물 속 식물성 플랑크톤의 양까지도 추적할 수 있습니다.

염분

40억 년 동안 육지에 내린 비는 암석을 씻어 내리고 용해된 염분을 바다로 운반했습

1894년
프리드쇼프 난센이 해빙이 표류하는 방식을 연구하기 위해 북극 접근 시도

1930년대
조지 디콘 경이 심해류를 측정하는 새로운 방법 개발

1940년대
헨리 스톰멜이 멕시코만류에서 남극대륙 저층수의 형성 과정 연구

1943년
자크 이브 쿠스토가 수중 호흡 기계 아쿠아렁 개발

니다. 덕분에 지질학적 시간 동안 바다는 점점 더 염도가 높아졌습니다. 오늘날 모든 바다가 증발한다고 가정했을 때 남은 소금을 고르게 펼치면 75미터 두께의 단단한 층을 만들 수 있습니다.

용해된 소금은 대양별로 균등하게 나누어지지 않았습니다. 민물 강이 많이 흐르고 증발량이 적은 발트해는 약 5천 피피엠의 소금을 함유하고 있지만, 증발량이 많고 강이 별로 없는 페르시아만은 소금이 약 4만 피피엠입니다. 소금과 온도는 해수의 밀도를 변화시키고, 바람과 지구 자전의 영향과 결합해 차갑고 짠 물이 가라앉는 3차원의 해양순환에 기여합니다.

대서양 컨베이어벨트

이 현상을 잘 보여주는 곳은 멕시코만류가 따뜻한 물을 멕시코만에서 북동쪽으로 이동시키는 북대서양입니다. 덕분에 영국섬의 기후는 대서양의 반대편에서 같은 위도에 위치한 캐나다 동부와 비교해 온화하게 유지됩니다. 멕시코만류가 북쪽으로 향하면서 차가워지고 증발하면서 염분이 높아집니다. 그러므로 북극에 도달한 후 밀도가 높아진 물이 가라앉으면서 대서양 저층수의 형태로 남쪽으로 되돌아갑니다.

지구온난화로 인해 빙하가 녹은 차가운 민물이 바다에 더해지면서 대서양 저층수의 형성 속도가 느려집니다. 그 결과 바닷물이 희석되고 표층이 따뜻해지면서 층이 분리되기 때문에 해류가 가라앉을 수 없습니다. 만약 이 대서양 컨베이어벨트가 멈추면 지구온난화로 인해 유럽 북서부에 훨씬 더 추운 겨울이 찾아오는 역설적인 결과가 발생할 수 있습니다.

영양분 공급

해양순환에서 수직으로 작용하는 힘은 해양 생명체에게 필수적입니다. 식물성 플랑크톤과 플랑크톤을 먹는 해양 생명체들은 따뜻하고 햇볕이 드는 표층수를 좋아합니

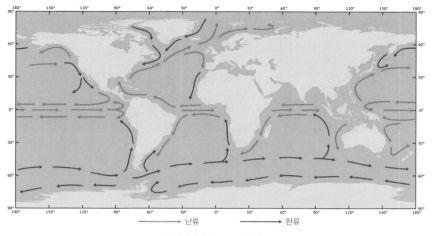

전 세계 해양의 주요 표층해류

다. 하지만 생명체는 표층수에 녹아 있어 사용할 수 있는 모든 영양분을 빠르게 소모합니다. 심해에는 영양분이 많지만 너무 어두워서 광합성을 할 수 없습니다. 여기서 해류는 일기예보에서 볼 수 있는 대기의 한랭전선과 유사하게, 영양분과 함께 심층수를 표층으로 끌어올려 따뜻한 물과 섞는 역할을 합니다. 이렇게 해류는 플랑크톤이 가득한 노다지를 형성합니다. 엽록소의 녹색에 반응하는 우주선spacecraft 감지장치를 활용하면 이 지역에서 플랑크톤의 계절적 대번식을 확인할 수 있습니다.

엘니뇨

5년 정도에 한 번씩 불규칙한 간격으로 대기압이 인도양과 인도네시아에서 높아지고 동태평양에서는 낮아집니다. 태평양 무역풍은 약해지거나 동쪽으로 불고, 영양분이 부족한 열대 난류는 페루의 해안으로 향합니다. 이 현상은 아기 예수가 태어난 크리스마스에 발생하기 때문에 엘니뇨El Niño(어린아이라는 뜻)라는 이름을 얻었습니다. 엘니뇨는 영양분이 풍부한 훔볼트해류를 가로막아서 남아메리카의 어업을 방해합니다. 또한 아메리카대륙 서부에 폭풍과 비를 몰고 오고 오스트레일리아와 서태평양에 가뭄이 들게 합니다. 엘니뇨는 종종 1년 후에 반대 효과를 일으키는 라니냐La Niña 한류로 이어져, 남아메리카대륙에는 가뭄을, 오스트레일리아에는 홍수를 일으킵니다.

대기 순환

열과 수분이 지구의 바람을 일으킨다고?

028

천문학적인 기준에서 볼 때 지구는 우주의 파괴로부터 연약한 장막에 불과한 공기의 보호를 받고 있습니다. 그러나 인간의 관점에서 보면 대기는 인간이 살고 숨 쉬며 존재하는 방대한 바다입니다. 또한 태양에너지로 움직이는 훌륭한 열기관으로써 전 지구의 수증기와 열을 분산하고 우리에게 날씨를 선사합니다.

대기가 얼마나 두꺼운지는 말하기 어렵습니다. 대기는 우주로 갈수록 점점 희박해집니다. 해발 400킬로미터 바로 아래에 자리한 국제우주정거장의 높이에서도 적은 수의 원자가 발견됩니다. 적은 수의 이온화된 원자는 너무 희박해서 많은 열기를 담을 수 없지만 온도가 섭씨 약 2,000도에 이를 만큼 에너지가 넘칩니다. 이곳을 열권thermosphere이라 합니다.

지구 보호막

약 80킬로미터 높이로 올라가면 전리층ionosphere을 포함하는 중간권mesosphere에 도

기원전 350년	1643년	1686년	1724년
아리스토텔레스가 지구과학에 대한 책의 제목에 기상학이라는 용어 사용	에반젤리스타 토리첼리가 수은 기압계 발명	에드먼드 핼리가 대기 순환의 원인이 태양열임을 확인	가브리엘 파렌하이트가 온도를 측정하기 위한 신뢰할 만한 척도 발명

달합니다. 전리층은 우주에서 온
우주선의 폭격을 받아 이온화된
공기로 이루어진 층이며, 우주 엑
스선으로부터 우리를 보호해주는
연약한 장막입니다. 태양에서 온
하전입자가 극점 위로 자기장선
을 따라 흐르면서 눈부시게 빛나
는 오로라를 만드는 위치이기도
합니다. 또한 단파 무선신호를 받

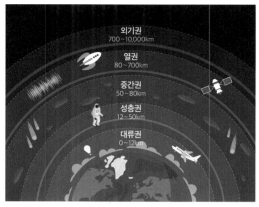

지구의 대기권

아서 국제 통신을 가능하게 하는 층입니다.

　　50킬로미터 높이에는 성층권stratosphere이 있습니다. 성층권은 위쪽의 방사선이
나 아래쪽의 대류 때문에 가열되지 못해 대기에서 가장 추운 부분입니다. 태양의 자
외선이 산소 분자를 변형시켜 오존층을 형성하는 영역입니다. 오존층은 태양의 해로
운 자외선을 막아줍니다. 성층권에 있는 적은 양의 물은 극지방에 높은 얼음구름을
형성합니다. 얼음구름은 오존을 파괴하는 기질을 만드는데, 이 과정은 인간들의 활
동으로 배출된 염소 혼합물로 인해 촉진됩니다.

날씨의 기원

공기의 80퍼센트와 수증기의 99퍼센트는 대류권Atmosphere에 있습니다. 대류권의 두

1735년
조지 해들리가 대기 순환과 무
역풍에 대한 설명 출간

1806년
프랜시스 보퍼트가 풍속을 분
류하는 도식 제안

1928년, 1933년
일본의 오이시 와사부로와 미
국의 윌리 포스트가 제트기류
감지

1960년
최초의 기상위성 발사 성공

께는 열대지방에서 20킬로미터이고 극지방은 7킬로미터로 다양합니다. 대류권은 성층권과 온도 역전층으로 분리되어 있어서 공기가 섞이지 않습니다. 열과 수증기의 순환은 대류권에서 가장 많이 이루어지며, 날씨가 만들어지는 구역이기도 합니다.

순환 세포

대류권에서의 대기 순환은 높은 위도로 열을 이동시키는 일련의 순환세포circulating cell 구역으로 간단히 설명할 수 있습니다. 이 과정은 따뜻한 공기가 적도 위, 더 정확히 말하자면 천정선(지구 표면의 관측 지점에서 연직선을 위쪽으로 연장했을 때 천구와 만나는 점)으로 올라가면서 시작합니다. 해를 머리 위쪽에 두고 계절에 따라 북쪽과 남쪽으로 이동하기 때문입니다. 공기는 대류권의 높은 곳에서 북위 약 30도로 흐르는데, 그 사이 충분히 식은 공기가 아래로 내려오고 다시 남쪽으로 이동하면서 순환 주기를 완성합니다. 대기는 남반구에서도 같은 방식으로 순환합니다.

제트기류

순환세포들이 만나는 대류권 상층에는 서쪽에서 동쪽으로 빠르게 이동하는 좁은 공기띠가 발생합니다. 이를 제트기류라 합니다. 양쪽 반구에 각각 2가지 제트기류가 있는데, 극제트기류와 높지만 약한 아열대제트기류입니다. 극제트기류의 풍속은 시속 20킬로미터에 이를 수 있습니다. 제트기류는 서쪽에서 동쪽으로 천천히 이동하는 로스뷔파Rossby wave(제트기류의 축에서 발달해서 차가운 극지방의 공기와 따뜻한 열대지방의 공기를 분리하는 역할을 하는 커다란 대칭적인 진동파)로 흐릅니다. 그 위치는 대서양 강수체계가 영국의 런던에 떨어지는지, 러읔에 떨어지는지에 따라 달라집니다.

계절풍

육지는 지표면의 열적 효과와 산맥의 물리적 효과로 대기 순환에 영향을 미칩니다.

대양의 열용량은 육지보다 크기 때문에 여름 낮에 뜨거워진 육지의 공기가 상승하면서 바닷바람을 끌어당깁니다. 이 현상을 가장 극적으로 보여주는 예가 남아시아의 계절풍monsoon입니다. 겨울에는 탁월풍이 북동쪽에서 불어오지만, 6월과 9월 사이에는 방향이 역전되어 따뜻하고 습기가 많은 물을 인도양에서 끌어당깁니다. 히말라야산맥은 공기를 밀어올리고 물을 응결시켜 일부 지역에서는 최대 10미터의 비가 내립니다. 히말라야산맥은 축축한 공기를 효과적으로 막아서 티베트고원을 건조한 상태로 유지합니다. 퇴적물코어를 보면 히말라야가 융기하던 시기부터 계절풍이이 시작되었음을 알 수 있습니다. 서아프리카와 동아시아에서도 조금 약하지만 계절풍이 발생합니다.

허리케인

따뜻하고 습한 공기가 따뜻한 바다 위로 올라가기 시작하면서 저기압을 형성하고 양쪽에서 더 따뜻하고 습한 공기를 끌어당깁니다. 이 현상은 카리브해의 허리케인hurricain과 인도양의 사이클론cyclone, 서태평양의 태풍typhoon으로 알려진 거대한 열대성 저기압을 발달시킬 수 있습니다. 열대성 저기압은 며칠 동안 이어질 수 있는데 상륙할 때까지 무역풍과 함께 힘을 키우면서 이동합니다. 이때 풍속은 시속 300킬로미터에 달할 수 있으며 집중호우를 동반합니다. 또한 폭풍해일 속에서 해수면을 최대 8미터까지 상승시킬 수 있을 정도로 강력합니다. 육지를 덮친 허리케인은 수분 공급원을 잃고 소멸됩니다.

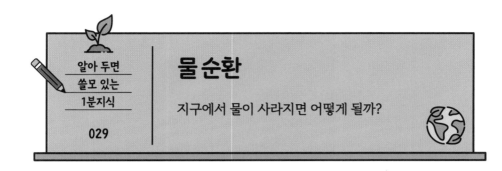

물 순환

지구에서 물이 사라지면 어떻게 될까?

우리 행성을 독특하고 특별하게 만드는 특징 중 하나는 액체와 수증기, 얼음의 세 단계로 나타나는 물의 존재입니다. 물은 바다와 공기, 땅을 순환하면서 열을 이동시키고 생명을 만듭니다. 물 또는 물 분자를 구성하는 수소와 산소는 우주에서 가장 풍부한 성분들이지만 아직 지구 이외에는 표면에 풍부한 물이 존재하는 행성은 발견되지 않았습니다. 목성의 위성인 유로파와 토성의 위성 엔셀라두스라면 바다가 있을 수도 있지만, 있더라도 수킬로미터의 얼음 밑에 깔려 있을 것입니다.

생명 가능 지대

최근 발견된 수백만 개의 태양계 밖 행성 중 일부 행성이 모체 항성에서 적당한 거리에 있습니다. 그래서 액체 상태의 물을 보유할 수 있는 생명 가능 지대일 가능성이 밝혀졌지만 아직 증명되지는 않았습니다. 액체 상태의 물은 모두가 알다시피 생명을 지속하기 위해 절대적으로 필요한 몇 안 되는 요소 중 하나입니다. 이 때문에 우리는

수력발전 연대기

기원전 약 250년	기원후 약 100년	약 1300년	1878년
비잔티움의 필로가 물레방아에 대한 최초의 기록 작성	로마에서 광업과 관개시설을 위해 물레방아를 광범위하게 사용	곡물을 빻는 등 여러 용도로 물레방아를 광범위하게 사용	윌리엄 암스트롱이 영국 노섬벌랜드에서 집에 불을 켜기 위한 최초의 수력발전 체계 정립

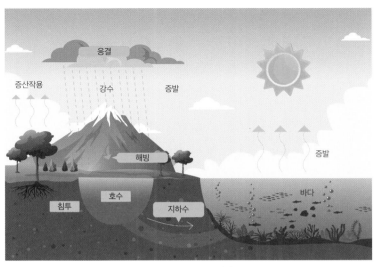

지구에서의 물 순환 과정

물의 발견에 큰 관심을 가지고 있습니다.

물의 기원

원시 지구 표면의 모든 물은 화산활동과 충돌로 인해 끓어서 없어졌고, 원시대기의 수분은 태양풍의 힘 때문에 휩쓸려나갔을 것입니다. 그러므로 지구상의 모든 물은 내부에서 화산 분출을 통해 또는 외부에서 혜성과 소행성을 통해 등장했다고 볼 수 있습니다. 오늘날 지구에는 13억 8,600만 세제곱킬로미터의 물이 있는 것으로 추정되는데, 그중 약 97퍼센트는 바다에, 2.1퍼센트는 만년설에, 0.6퍼센트는 대수층(물

1881년
미국에서 최초의 나이아가라 폭포 수력발전소

1928년
후버댐이 1,345메가와트의 전기를 생산하면서 세계에서 가장 큰 수력발전소로 등재

1984년
브라질의 이타이푸댐이 1만 4천 메가와트의 전기를 생산하면서 세계에서 가장 큰 수력발전소로 등재

2008년
중국의 싼샤댐이 생산력 2만 2,500메가와트인 발전소를 설립

이 스며들어 있는 암석 또는 기타 물질로 구성된 지하층)에, 0.02퍼센트는 호수와 강에 있으며, 단 0.001퍼센트만이 대기 중의 구름과 수증기로 존재합니다.

물의 이동

물은 바다와 공기, 육지를 순환하면서 지구의 역동적인 공정에 전적으로 관여합니다. 매일 약 1,170세제곱킬로미터의 물이 증발하는데 그중 90퍼센트가 바다에서 증발됩니다. 물이 순환 주기의 각 저장고에서 보내는 평균적인 시간은 상당히 다양합니다. 깊은 대수층과 남극빙상에서는 대략 1만 년 정도 걸립니다. 바다에서는 약 3천 년 걸리고 강에서는 몇 개월 걸립니다. 하지만 각 주기에서 대기에 머무르는 시간은 평균 9일밖에 되지 않습니다.

증류

물은 순환하면서 지구에서 지속적으로 증류와 정화작용을 합니다. 바다에서 물이 증발하면 염분과 다른 오염물질이 남습니다. 대기에서 물은 이산화탄소가 용해된 약한 산성수로 암석의 화학적 풍화를 촉진하지만, 증류를 통해 강과 호수, 대수층에 깨끗한 물을 공급합니다. 대수층은 물에 더 많은 여과물을 첨가하고, 식물과 수중 생명체를 위한 영양분 역할을 하는 다른 용해성 무기물을 추가할 수 있습니다.

생명의 물

생명의 거의 모든 화학적 공정은 수용액에서 일어나기 때문에 액체 상태의 물이 필수입니다. 대부분의 식물과 동물에서 물은 단연코 가장 풍부한 물질입니다. 물은 화학적 기질을 제공할 뿐만 아니라 생명체에게 가장 중요한 반응 중 하나인 광합성에 중요한 역할을 합니다. 식물 잎의 엽록체는 효소와 막을 이용한 기발한 방법으로 물 분자를 쪼개서 이산화탄소와 결합시키고, 생물량biomass을 이루는 탄화수소와 산소를 만들 수 있습니다. 광합성은 20억 년 전에 지구의 대기를 만들었으며, 오늘날에도 산소와 이산화탄소의 섬세한 균형을 유지하고 있는 화학반응입니다.

물과 지구온난화

대기 중 수증기는 온실효과를 일으키는 중요한 원인입니다. 수증기가 없다면 지구의 평균 온도는 섭씨 약 영하 30도로 떨어질 것입니다. 기후모형에 따르면 지구온난화는 증발을 증가시키고 증발은 잠재적으로 지구온난화를 가속화할 수 있습니다. 또한 물 순환을 강화해서 이미 습한 적도와 고위도의 강우량을 증가시키는 반면에, 그 중간에 자리한 건조지역의 가뭄을 악화시킬 수 있습니다.

부영양화

집약농업의 위험 중 하나는 과도한 화학비료, 특히 질소와 인을 함유한 화학비료가 지하수와 지표수에 녹아 강과 호수, 바다로 과도한 영양분을 흘러가게 하는 것입니다. 화학비료는 미처리 하수와 결합해 녹조현상을 일으킬 수 있습니다. 질산염과 인산염 과영양화로 인해 물속에 용해된 산소가 모두 사라지면 혐기성 또는 부영양 상태가 이어집니다. 결과적으로 일부 호수와 육지에 둘러싸인 바다의 물은 냄새나는 혐기성 박테리아 외의 생명체를 더 이상 부양할 수 없게 됩니다. 현재 유럽과 아시아, 미국에 있는 호수의 절반가량이 부영양화 상태입니다.

탄소 순환

기후변화는 탄소 순환의 불균형 때문이다?

물이 생명의 혈액이라면 탄소는 몸입니다. 물과 마찬가지로 탄소는 행성 전체에 영향을 주는 복잡한 순환을 통해 생명을 통합합니다. 지금까지 생명체는 탄소 순환을 유지하는 데 도움을 주었고, 태양복사 증가에 따른 대기 중 이산화탄소 담요의 단열 효과를 유지하고 있습니다. 그러나 이제는 인간들의 활동으로 인해 과거의 업적이 사라질 위기에 처해 있습니다.

탄소 순환 과정에서 엄청난 매장량이 교환됩니다. 암석과 토양, 바다, 생물량, 대기에 포함된 탄소의 양은 방대하며, 매년 수십 억 톤의 탄소 순환이 이루어집니다. 하지만 탄소 순환에 작은 불균형이라도 발생하면 기후에 큰 변화가 일어날 수 있습니다.

탄소 매장량

지각에는 원시대기의 화석 흔적이 남아 있습니다. 20억 년 전 탄생한 생명체는 대기

1789년
앙투안 라부아지에가 호흡이 연소와 같은 과정임을 증명

1800년
빙하코어 연구 결과 대기 중 이산화탄소 수치가 290피피엠임을 증명

1859년
존 틴들이 이산화탄소와 수증기가 열복사를 흡수함을 증명

1896년
스반테 아레니우스가 인간의 이산화탄소 배출이 기후온난화를 일으킬 수 있다고 주장

를 따뜻하게 유지해주던 대기의 단열 보호막에 담긴 이산화탄소를 소모해서 궁극적으로 석회암과 백악, 석탄, 석유로 바꾸었습니다. 지각에는 대략 10경 톤의 탄소가 있는데, 생명체가 없는 금성의 대기와 거의 비슷한 양입니다. 생명체가 없었다면 지구의 대기는 금성과 비슷한 온실 대기였을 것입니다.

지표면 근처에 있는 탄소의 양은 그보다 적지만 여전히 많습니다. 가장 많은 탄소원은 토양과 심해이고 바다의 표층수와 육지 생물권이 그 뒤를 잇습니다. 대기 중의 이산화탄소는 약 7,500억 톤으로 다른 매장량에 비해 매우 적은데, 그중 약 2천억 톤은 대기와 다른 매장량 사이에서 매년 교환됩니다. 대략 절반은 바다와 기체로 교환되고, 나머지는 광합성과 육지에서 이루어지는 호흡으로 교환됩니다.

기우는 균형

탄소의 유동성은 바다의 퇴적작용을 통해 순환에서 약간의 과잉 탄소가 제거되면서 다소 균형을 이룹니다. 그러나 이 수치는 화석연료 연소로 인해 매년 대기 중으로 배출되는 55억 톤의 이산화탄소를 제외한 결과입니다. 과잉 탄소 중 약 10퍼센트는 바다와 육지의 숲에서 발생하는 과정을 통해 대기에서 사라지는 것으로 보입니다. 하지만 나머지는 그대로 남습니다.

1958년 찰스 킬링Charles Keeling은 모든 오염원과 멀리 떨어진 하와이의 마우나로아 관측소 꼭대기에서 공기 표본을 수집하기 시작했습니다. 이산화탄소 함량을 측정한 그는 주기적인 계절성 변화를 발견했습니다. 그러나 그가 측정을 계속하자, 총 이

1958년
찰스 킬링이 하와이에서 이산화탄소 측정 시작

1988년
리우 기후회담에서 기후변화에 관한 정부간 협의체 설립

2005년
미국을 제외한 모든 선진국이 서명한 교토의정서 발효

2009년
코펜하겐 협정에서 이산화탄소 감축을 위한 구속력 있는 합의 도출 실패

2011년
이산화탄소 농도 391피피엠 도달

산화탄소 농도는 매년 점점 더 높아지고 있었습니다. 그 결과물인 '킬링 곡선Keeling curve'은 상징적인 연구로 자리매김했습니다. 이산화탄소의 농도는 1958년의 320피피엠에서 시작해 2011년에는 391피피엠에 달했습니다. 이 속도라면 21세기 말에는 450~850피피엠에 이를 수 있습니다.

온실 효과

1859년 런던의 왕립연구소에서 연구 중이던 존 틴들John Tyndall은 열복사를 흡수하는 다양한 기체의 능력을 측정하고 있었습니다. 그는 질소와 산소를 시도했지만 별 효과가 없었습니다. 그러고 나서 수증기와 이산화탄소를 시험했을 때 놀라운 결과를 얻었습니다. 그가 기술한 내용을 우리는 이제 온실효과라고 알고 있습니다. 태양에서 온 빛은 대기를 쉽게 통과하고 우주로 다시 쉽게 반사될 수 있습니다. 하지만 그중 일부는 땅을 가열하고 적외선이나 열복사로 재방출됩니다. 이산화탄소와 수증기를 비롯한 온실가스에 흡수된 빛은 대류권에 열을 가두어 더운 기후를 만듭니다. 온실가스가 없었다면 우리 행성은 이미 오래 전에 얼어붙었겠지만, 이산화탄소 수치가 증가할수록 지구의 온도도 높아집니다. 이어지는 내용에서는 그로 인해 발생할 수 있는 결과에 대해 알아볼 것입니다.

메탄

대기 중의 탄소가 이산화탄소로만 존재하는 것은 아닙니다. 그중에 메탄이 있습니다. 보통 메탄은 습지, 툰드라, 해양 퇴적물, 소의 소화관 속에 사는 박테리아의 활동을 통해 생성됩니다. 메탄은 이산화탄소와 마찬가지로 온실가스이지만 영향력은 훨씬 강력합니다. 현재 메탄 수치는 집약농업과 북극툰드라의 온난화로 인해 증가하고 있습니다. 하지만 훨씬 더 큰 잠재적 원인이 있습니다. 메탄의 엄청난 매장량이 가스하이드레이트로 해저에 얼어 있는데, 바다가 따뜻해지거나 해수면이 낮아지면 방출

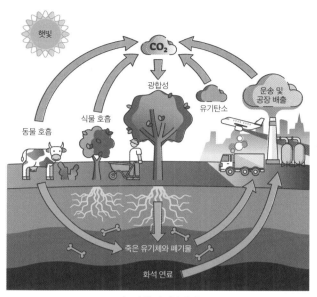

탄소 순환의 기본 원리

될 수 있습니다. 그 예로 5,500만 년 전에 급격한 기후 온난화로 인해 대기 중으로 탄소가 갑작스럽게 방출되었습니다. 이는 해저의 가스하이드레이트에서 엄청난 양의 메탄이 방출되었기 때문인 것으로 보입니다.

해양 탄소

바다는 대기보다 60배 많은 탄소를 함유하고 있으며 매년 공기 중 이산화탄소의 약 920억 톤을 용해시킵니다. 일부 탄소는 바다 표층수에서 순환하고 식물성 플랑크톤이 그중 일부 소비하지만 다시 방출합니다. 900억 톤은 대기로 돌아가고 약 20억 톤은 순환 주기에서 빠져나와 해저에 가라앉습니다. 그 원인은 주로 해류의 하강과 요각류copepod 똥의 유체역학적 특성 때문입니다. 아주 작은 플랑크톤 동물인 요각류는 미세한 해조류를 먹고 분립faecal pellet을 배설합니다. 분립은 바닷속 깊이 가라앉을 만큼 크고 밀도가 높아 고운 눈처럼 해저에 내려앉습니다.

기후변화

지구의 기후는 어떻게 변해왔을까?

신석기시대부터 우리 인류는 비교적 안정적인 기후를 누리는 행운을 얻었습니다. 그러나 지질학적 기록을 보면 과거에는 그렇지 않았다는 것을 알 수 있습니다. 기후체계에 대한 컴퓨터 모형을 보더라도 미래에는 문제가 생길 수 있습니다.

기후의 변화를 알아내는 작업은 생각보다 훨씬 어렵습니다. 우리는 폭염과 혹독한 겨울, 홍수, 가뭄 등 극단적인 날씨에 매우 익숙하지만 기후는 날씨와 같은 것이 아닙니다. 기후변화를 확인하기 위해서는 오랜 기간 동안 전 세계적으로 많은 요소를 측정해야 하고 기준을 통일해야 합니다.

지구의 기온 측정

온도계를 사용해 정확한 온도를 측정해서 기록한 시기는 고작 150년밖에 되지 않았기 때문에 그 전까지는 다른 방법을 사용해야 했습니다. 그 방법으로는 빙하코어와 퇴적물에 포함된 동위원소의 비율, 나이테의 너비 같은 자연적 기록뿐만 아니라 수

과거 기후 기록의 기복

5,500만 년 전	325만 년 전	18,000년 전	12,800~11,600년 전
메탄 배출과 관련된 갑작스러운 온난화	급격한 빙하기의 시작이 마지막 빙하기를 장식	마지막 최대 빙하기	영거 드라이아스기의 갑작스런 한파

확 시기와 겨울 얼음의 규모에 대한 역사적 기록 등이 포함될 수 있습니다. 지난 세기에 걸쳐 기록된 이 지표들은 정확한 현대 온도 기록으로 조정할 수 있습니다.

중세 온난기

모든 기록에 따르면 기원후 약 950년부터 1250년까지 온난기가 이어졌습니다. 1차 자료에서는 이 시기에 영국의 수도원들이 소유한 포도밭에 포도가 무성하게 자랐고, 바이킹 정착민들이 그린란드의 해안가에서 농사를 짓는 데 성공했다는 사실을 알 수 있습니다.

소빙기

약 1550년에서 1850년 사이, 특히 1650년에서 1770년 사이에는 갑자기 극심한 한파가 발생했습니다. 당시의 한파는 1565년 피테르 브뤼헐Pieter Bruegel the elder의 겨울 그림과, 1658년 얼어붙은 발트해, 1607~1814년에 꽁꽁 얼어붙은 템즈강에서 열렸던 서리 박람회를 포함한 역사적인 기록으로 나타납니다. 이 기간은 소빙기로 알려졌습니다. 혹독한 겨울을 보내면 나무의 나이테는 좁아집니다. 당시의 혹독한 추위 덕분에 밀도 높은 목재가 만들어졌고, 그 목재를 이용해 스트라디바리우스 같은 크레모나 바이올린 제작자가 강한 울림이 있는 악기를 만들 수 있었다는 설도 있습니다.

한파의 원인은 몇 가지로 추측할 수 있지만, 가장 가능성이 높은 설명은 태양 활

950~1250년
중세 온난기, 그린란드에서 농사짓는 바이킹족

1645~1715년
몬더극소기, 템즈강의 서리 박람회가 있었던 소빙기

1816년
인도네시아 탐보라 화산 폭발에 따른 '여름 없는 해'

1991년
필리핀 피나투보산의 연기 때문에 0.5도 낮아진 지구의 온도

1998~2010년
1850년 이후 가장 더운 기간

소빙기의 모습을 담은 토마스 위커의 〈사원 계단 근처에서 열리는 템스강의 서리 박람회〉(1683~1684)

동의 감소입니다. 태양은 흑점수에 따라 11년 주기로 활동 극소기와 극대기가 반복됩니다. 우주 관측을 통해 흑점이 많아질 때 태양에서 특히 자외선 파장의 방사선이 약간 증가한다는 사실이 확인되었습니다. 1645~1715년에는 흑점 활동이 거의 멈추었는데 이 기간을 몬더극소기Maunder minimum라 합니다.

화산 효과

기후 기록에 표시된 사건 중에는 주요 화산 폭발이 있습니다. 그중 1991년 필리핀의 피나투보산 분출은 가장 기록이 잘 되어 있습니다. 피나투보산 폭발로 인해 엄청난 양의 미세한 화산재와 황산염 연무질이 성층권으로 주입되어, 지구 표면에 도달하는 햇빛의 양이 상당히 줄어들었고, 이후 2년 동안 지구 평균 온도가 0.5도 떨어졌습니다. 1815년에는 인도네시아의 탐보라 화산 폭발로 인해 유럽에서는 '여름 없는 해'가

되었습니다. 흉작이 들었고 1816~1817년의 겨울 동안 작물들이 망가지고 수천 명이 굶어 죽거나 얼어 죽었습니다. 약 7만 년 전 수마트라에서 일어난 톨라의 훨씬 더 큰 화산 폭발은 원시 인류를 거의 전멸시켰을지도 모릅니다.

빙하기

지질학적 기록을 거슬러 올라가면, 인류 역사에서 경험했던 모든 사건보다도 기후에 훨씬 더 큰 변화가 있었던 것으로 보입니다. 325만 년 전으로 거슬러 올라가면 일련의 빙하기를 지나게 됩니다(140쪽 〈빙하기〉 참고). 그중 최대 빙하기는 대기 중 이산화탄소 최소기와 거의 일치하지만, 기온 상승은 이산화탄소가 증가하기 몇 백 년 전에 시작되었습니다. 기후변화 회의론자들은 온난화가 이산화탄소 때문에 발생한 결과가 아니라고 주장하기 위해 이 증거를 사용합니다. 하지만 사실 이 시차는 강제 또는 양성 되먹임positive feedback 현상 때문에 발생할 것입니다. 지구궤도의 변화는 이산화탄소가 배출되기 시작하는 바다의 온난화로 이어집니다. 이로 인해 온난화는 더 심해진다고 볼 수 있습니다.

기후의 지질학

산소 동위원소를 이용해 계산하면 수억 년 동안 해양의 온도를 추적할 수 있는데, 산소 동위원소 비율을 바탕으로 시간을 좀 더 거슬러 올라가면 이산화탄소 수치가 훨씬 높고 가끔은 기온도 훨씬 높은 시기가 있었습니다. 다른 빙하기도 있었지만 그 사이에 지구의 기온은 보통 지금보다 섭씨 10도 또는 15도 정도 높았습니다. 이를 통해 지구의 기후가 안정적인 상태가 시기마다 다르며, 각각의 안정적인 상태에는 상당히 섬세하게 균형을 유지한다는 사실을 알 수 있습니다. 문제는 '우리가 이제 새롭고 훨씬 더 따뜻한 세상으로 바뀌는 전환점을 향해 가고 있는가'입니다.

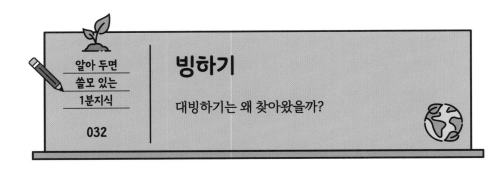

빙하기

대빙하기는 왜 찾아왔을까?

지구의 역사에서 지난 325만 년은 빙하기와 따뜻한 간빙기가 번갈아 빠르게 일어난 것이 특징입니다. 빙하기로 알려진 한파는 지구궤도의 불안정 때문에 발생하며, 지구의 태양복사를 변화시킵니다. 빙하기는 인간 진화의 핵심 단계를 이끌었을 것입니다.

알프스산맥의 표석

18세기에 알프스산맥의 계곡에서 커다란 '표석(빙하의 작용으로 운반되었다가 빙하기 녹은 뒤에 그대로 남게 된 바윗돌)'을 발견한 여러 박물학자들은 이 바위가 한때 지금보다 더 방대했던 빙하 때문에 퇴적되었다고 주장했습니다. 1840년에 스위스의 젊고 똑똑한 지질학자 루이 아가시Jean Louis Rodolphe Agassiz는 10년 동안 물고기 화석을 연구한 후 알프스산맥 주변의 모래와 자갈, 바위로 이루어진 방대한 표층 퇴적물로 관심을 돌렸습니다. 그는 퇴적물이 개별 빙하가 아니라 한때 산맥 전체를 뒤덮었을 방대한 빙상

24억 년 전
가장 오래된 빙하기, 휴로니안

8억 5천만~6억 3천만 년 전
크라이오제니아기: 전 세계에서 가장 극심한 빙하기

4억 6천만~4억 2천만 년 전
크라이오제니아기만큼 심각하지 않은 빙하기임에도 큰 만년설 발달

3억 6천만~2억 6천만 년 전
남아프리카와 아르헨티나에 빙하 퇴적물을 남긴 카루빙하기

으로 인해 이동했다고 결론지었습니다. 또한 이 퇴적물이 빙하기의 존재를 증명한다고 주장했습니다.

알프스계곡 이탈리아 위쪽의 몬테로사계곡에 있는 표석

빙하의 규모

아가시는 북극에서 확장된 빙하가 곧바로 지중해로, 대서양과 북아메리카를 가로질러 뻗어나갔다고 추측했습니다. 이제는 알프스산맥의 만년설이 격리된 상태로 남아 있었지만, 극지방의 빙상이 정말 방대해서 한때 스칸디나비아 전역과 유럽의 템스강, 북아메리카의 오대호 남쪽까지 뻗어 있었다는 것을 알고 있습니다. 두께가 3천 미터에 이르는 빙하가 너무 많은 물을 머금고 있어서 지구의 해수면이 약 110미터 낮아졌고, 이 때문에 마른 땅으로 변한 대륙붕이 동물과 사람이 이주할 수 있는 육교 역할을 했습니다.

전진과 후퇴

아직도 일부 구식 교과서에는 마지막 빙하기 동안에 4번의 빙하기 사건이 있었다고 되어 있습니다. 그러나 지금까지 적어도 20개의 사건이 확인된 만큼 실제로는 훨씬 복잡하며, 그 사이사이에는 무성한 초목과 방대한 동물상이 다시 등장하는 상당히

325만 년 전
현재 빙하기의 연속 시작

240만 년 전
빙하기 심화

80만 년 전
이후 8번의 최대 빙하기를 기록한, 가장 오래된 빙하코어의 기저

1만 8천 년 전
마지막 최대 빙하기의 끝

따뜻한 간빙기가 있었습니다. 초기 인류 사냥꾼들은 무리와 함께 지금은 북해인 평원을 가로질러 이주했습니다. 영국에서는 최초의 호모하이델베르겐시스부터 네안데르탈인, 호모사피엔스에 이르기까지 총 6~7종의 초기 인류가 거주했다는 증거가 발견되었습니다.

빙하기의 원인

빙하기의 정확한 원인은 확실하지 않지만 여러 요인의 복잡한 상호작용 때문에 발생할 가능성이 높으며, 그중 가장 명확한 요인은 지구궤도의 변이입니다. 이는 스코틀랜드의 과학자 제임스 크롤James Croll이 제안하고 세르비아의 공학자이자 수학자인 밀루틴 밀란코비치Milutin Milankovitch가 발전시킨 크롤-밀란코비치 순환 주기Croll-Milankovich cycle로 알려져 있습니다.

이들은 태양 주위를 도는 지구궤도의 이심률과 지구자전축의 기울기, 자전축의 세차운동 등의 세 가지 요인이 기후변화에 영향을 준다고 설명했습니다. 그중 세차운동은 팽이처럼 지구의 자전축이 원을 그리는 운동입니다. 세 요인의 주기는 각각 약 40만 년과 4만 1천 년, 2만 6천 년으로 다릅니다. 그 결과, 다른 양의 태양복사가 다른 계절에, 다른 지역에 도달하게 됩니다. 인간이 유발한 지구온난화가 없다고 가정하고 순환 주기로만 판단했을 때, 우리는 15,000년 후에 또 다른 빙하기를 맞이할 것입니다.

대륙을 들어올린 빙하

전체 빙하의 무게는 북쪽 대륙에 압력을 가해 대륙을 맨틀로 밀어 넣었습니다. 빙하가 녹자 대륙은 수면에서 까딱거리는 코르크처럼 다시 튀어 오르기 시작했지만, 그 과정은 코르크보다 훨씬 더 느리게 일어났습니다. 맨틀의 강도 때문에 대륙은 1년에 약 1센티미터 상승했으며, 이 과정은 마지막 빙하기 이후로 1만 년 동안 여전히 이어지고 있습니다. 그 결과는 현재 해수면 위로 80미터에 있는 스코틀랜드의 조개껍데기로 덮인 융기해안으로 나타납니다.

또 다른 빙하기

지난 수백만 년 동안 이어진 마지막 빙하기 외에도 빙하기는 있었습니다. 지구에는 적어도 5번의 빙하작용이 일어났으며, 각 빙하기 사이에는 만년설이 전혀 없었던 온난화 기간이 있습니다. 약 24억 년 전에 시작된 최초의 온난화는 해양 조류가 대기 중의 이산화탄소를 모두 소모하면서 광합성이 증가한 시기와 관련이 있을 것입니다. 캐나다 휴런호 주변의 낙하석을 포함하고 있는 암석에서 그 흔적을 확인할 수 있습니다. 낙하석은 해빙으로 운반되어 깊은 물에 방출되는 암석입니다. 그다음으로 가장 극심한 빙하기는 이제 곧 살펴볼 선캄브리아기 후기에 일어났습니다. 3번째 빙하기는 오르도비스기 말에 발생했고, 3억 6천만 년 전에 시작해 1억 년 동안 이어진 4번째 빙하기는 남아프리카와 아르헨티나에 그 흔적을 남겼습니다.

빙하기 사막

전 세계의 사막은 대부분 적도 남북의 위도 약 30도 정도에 집중되어 있습니다. 육지에서 바람으로 이동한 퇴적물과 해양 퇴적물코어를 관찰하면, 마지막 최대 빙하기가 있었던 약 1만 8천 년 전 해당 지역이 더욱 방대한 사막으로 이루어져 있었으며 북아프리카의 호수가 건조했다는 사실을 알 수 있습니다. 이는 육지와 바다 사이의 온도차가 작아지면서 아프리카와 아시아의 계절풍이 약해졌기 때문인 것으로 보입니다. 빙하 순환이 시작하며 발생한 동아프리카의 사막화는 인간 진화의 원동력이 되었을 것입니다. 대서양과 태평양의 순환을 분리하는 파나마지협이 닫힌 것이 마지막 빙하기를 일으킨 첫 번째 원인일 수 있습니다.

만년설

고대의 빙하가 점점 사라지고 있다고?

지구의 '양끝'은 얼음으로 뒤덮여 있습니다. 그곳은 매우 아름다우며 과학적으로도 흥미로운 장소입니다. 대부분의 지질학적 시간 동안 지구에는 주로 극지방의 만년설이 없었고 해수면 역시 높았습니다. 현재의 만년설이 생긴 것은 수백만 년 전부터입니다. 하지만 이제 그들이 다시 사라질 위험에 처해 있습니다. 지구상의 다른 어느 곳보다 극지방 가장자리 주변에서 기후가 더 빨리 따뜻해지고 있기 때문입니다.

얼어붙은 바다

북극과 남극은 매우 다른 곳입니다. 북극은 육지로 둘러싸인 바다 한가운데 있습니다. 남극은 바다로 둘러싸인 대륙에 있습니다. 결과적으로 거대한 그린란드 만년설을 제외하고 북극의 빙하는 바다 위에 떠 있기 때문에 특히 여름에 녹거나 깨지기 쉽고 영원히 움직일 수 있습니다. 반대로 빙하가 녹더라도 얼음이 물 위에 떠 있기 때문에 해수면의 높이에 변화를 주지 않습니다.

극지탐험 연대기

1820년	1841년	1845~1848년	1903~1906년
러시아 선장 벨링스하우젠과 그의 선원들이 최초로 남극대륙 발견	제임스 클락 로스가 자신의 이름을 붙인 빙붕 발견	존 프랭클린의 북서 항로 탐험 실패	로알 아문센이 북서 항로 개척

얼어붙은 대륙

남극대륙은 미국보다 크고 거의 전체가 얼음으로 덮여 있습니다. 전체적으로 거의 1,400만 제곱킬로미터의 얼음이 있고 평균 두께는 약 2킬로미터이며, 지구상 민물의 75퍼센트를 차지합니다. 빙하의 두께 때문에 남극은 가장 높을 뿐만 아니라 가장 차갑고 건조하고 바람이 많이 부는 대륙입니다. 지구 표면에서 지금까지 기록된 가장 낮은 온도는 남극 동부에 있는 러시아 보스토크기지의 섭씨 영하 89도입니다.

해빙

지구의 양극은 태양의 복사를 거의 받지 못하기 때문에 빙하가 발달합니다. 북극권의 북쪽과 남극권의 남쪽에서는 겨울에 태양이 몇 달 동안 뜨지 않으며, 여름이라 해도 높이 뜨지 않습니다. 육지의 만년설은 눈이 쌓여서 형성됩니다. 해빙은 바닷물이 얼어붙을 때 형성되기 시작하는데 그 위로 눈이 쌓이기도 합니다. 남극 주변의 해빙은 대부분 계절성이고 6개월 이상된 해빙과 두께가 몇 미터인 해빙은 거의 없습니다. 반대로 북극의 해빙은 몇 년 동안 유지될 수 있기 때문에 압축되어 산등성이를 이루는 곳에서는 4∼5미터 또는 그 이상의 두께에 이를 수 있습니다.

북서항로

15세기 후반 일부 항해 탐험가들은 태평양으로 가는 '북서항로' 탐색에 집착하기 시작했습니다. 그 후 1845년 존 프랭클린John Franklin 경의 모험을 포함해 400년 동안

1909년
로버트 피어리가 최초로 북극점 도달 추정(논쟁이 있음)

1911년 12월 14일
로알 아문센이 탐험대를 이끌고 최초로 남극에 도달

1912년 1월 17일
로버트 팰컨 스콧이 남극 도달

1914∼1917년
어니스트 섀클턴의 인듀어런스호 남극 원정대(위대한 마지막 남극 탐험 항해)

많은 실패와 죽음까지 초래한 탐험들이 이어졌습니다. 노르웨이의 로알 아문센Roald Amunsen이 마침내 빙하를 뚫고 남극에 도달하는 데 성공했지만, 통과하는 데 1903년부터 1906년까지 3년이나 걸렸습니다. 지금은 여름에 쉽게 빙하를 통과할 수 있습니다. 매년 점점 더 많은 남극 해빙이 깨지고 녹아, 9월마다 개빙구역이 넓어지고 있습니다. 인공위성 측정 결과에 따르면 남아 있는 빙하 역시 점점 얇아지고 있습니다. 기후모형은 북극의 여름 해빙이 이번 세기가 끝날 때쯤 완전히 사라질 것이라고 추측했는데, 현재의 후퇴 속도라면 2050년까지 모두 사라질 수도 있습니다.

북극의 접근성이 점점 높아지면서 북서항로는 주요 교역로가 될 수 있으며, 해저에서는 석유와 광물을 이용할 수 있습니다. 바다가 따뜻해지면 메탄하이드레이트의 많은 퇴적물이 불안정해지면서 엄청난 온실가스 방출로 이어질 수 있습니다. 해빙이 형성될 때는 민물 얼음이 만들어지면서 염분을 배출합니다. 결과적으로 남은 바닷물은 염도와 밀도가 점점 더 높아지고, 밀도 높은 바닷물은 해류의 컨베이어벨트를 유지하는 대서양저층수를 생산하는 데 도움이 됩니다. 그러나 만약 반대로 빙하가 줄어들면 해양순환계가 망가질 수 있습니다.

움직이는 빙하

빙하는 절대 오랫동안 한자리에 머물지 않습니다. 남극 동부 중앙에서는 3천 미터 두께의 얼음이 수만 년 동안 쌓였지만, 동시에 매우 천천히 흐르고 있습니다. 가장자리와 빙하 내부는 좀 더 빠르게 흐르면서 바다로 떨어져 나가 물 위에 뜬 수천 미터 두께의 빙붕들을 형성하고 결국 거대한 빙산으로 쪼개집니다. 빙하의 운동은 육지에서도 원활합니다. 위쪽에서 누르는 압력과 아래쪽의 열기로 인해 녹은 빙하류는 축축한 진흙의 미끄러운 층을 타고 갑니다. 바깥으로 흐르는 빙하류의 속도가 신선한 눈이 쌓이는 속도와 일치하는 한 빙하는 사라지지 않습니다.

붕괴 위험에 놓인 빙하

남극 서부는 상황이 다릅니다. 육지 대부분이 해수면보다 낮고 빙하는 훨씬 높이까지 솟아 있습니다. 그로 인해 주위를 둘러싼 따뜻한 해류에 특히 취약한 지역이 형성되었습니다. 파인아일랜드 빙하는 텍사스주와 크기가 같습니다. 남극 빙하 중에 가장 크지만 지난 몇 년 동안 녹는 속도가 놀라울 정도로 빨라지면서 급속히 얇아지고 있습니다. 과학자들은 무인 잠수함을 이용해 빙하 가장자리

2019년 파인아일랜드빙하에 새로 나타난 균열 ⓒ NASA

아래를 조사한 결과, 빙하가 바다로 무너지지 않도록 막고 있던 암석 꼭대기 부분이 녹고 있다는 사실을 밝혔습니다. 만약 빙하 전체가 붕괴된다면, 전 세계의 해수면이 4분의 1미터 상승할 것입니다. 인접한 빙하들까지 녹으면 해수면은 1.5미터까지 상승할 수 있습니다.

알아 두면 쓸모 있는 1분지식

034

눈덩이 지구

과거에는 지구 전체가 꽁꽁 얼어 있었을까?

지구의 역사상 거대 빙하기는 총 다섯 번 있었지만 선캄브리아기 후반의 크라이오제니아기 빙하기만큼 혹독한 시기는 없었습니다. 당시 최대 2천만 년 동안 두 번의 빙하기 동안 빙하는 열대지방까지 내려왔습니다. 지구 전체가 단단하게 얼어붙어서 눈덩이 지구Snowball Earth를 만들었는지, 만약 그렇다면 그 빙하기는 어떻게 끝났는지에 관한 것은 우리 시대에 가장 흥미로운 지질학적 논쟁 중 하나입니다.

낙하석

1세기에 가까운 시간 동안 지질학자들은 일부 빙하퇴적물이 현재의 극지방과 멀리 떨어진 깜짝 놀랄 만한 장소에서 발견된다는 사실을 인지하고 있었습니다. 하지만 선캄브리아기 후기의 암석 기록은 드물기 때문에 그만큼 오래된 빙하퇴적물을 확인하는 일은 쉽지 않습니다. 그중 낙하석은 빙하작용이 아니면 설명할 수 없는 지형입니다. 낙하석은 육지에서 멀리 떨어진 위치에서 세립질 해양 침전물이 퇴적되

눈덩이 지구 이론의 발견

1949년
더글러스 모슨이 선캄브리아기의 빙하퇴적물이 모든 대륙에 널리 퍼져 있음을 증명

1964년
브라이언 할런드가 당시 열대 위도였던 스발바르제도와 그린란드에서 유래한 낙하석을 보고

1966년
미하일 부디코가 빙하가 위도 30도까지 확장된다면 적도까지 이어질 수 있다고 주장

면서 형성된 커다란 바위입니다. 낙하석의 이동에 관해서 유일하게 밝혀진 사실은, 빙하에서 떨어진 수많은 얼음이 물에 떠다니면서 낙하석을 이동시켰다는 것입니다.

오스트레일리아 뉴사우스웨일즈주에 있는 낙하석

선캄브리아기 대륙

1960년대부터 판구조론이 발전하면서 대륙들이 항상 현재의 위치에 있었던 것은 아니라는 사실을 깨닫게 되었습니다. 암석에서 자성입자의 방향은 암석이 퇴적된 시기의 위도를 나타낼 수 있습니다. 그 결과 캐나다와 그린란드, 스발바르제도, 나미비아, 오스트레일리아에서 발견된 빙하퇴적물에 따르면, 모두 빙하작용의 흔적을 담고 있음에도, 약 6억 4천만 년 전에 적도 근처에 있었다는 사실을 알 수 있습니다.

양성 되먹임

1960년대에 세계적인 핵전쟁에 대한 두려움이 커지면서 핵무기의 먼지와 연무질 구름이 불러올 냉각효과를 계산하게 되었습니다. 계산 결과 수치에 따르면, 빙하가 남북 위도 30도까지 확장된다면 우주로 반사되는 햇빛의 양이 크게 증가해 양성 되먹임이 발생할 수 있습니다. 즉 얼음이 커질수록 더 추워질 것입니다. 그 결과 지구가

1992년
조 커슈빙크가 '눈덩이 지구'라는 용어를 처음 사용

1998년
호프만과 슈렉은 나미비아 탄산염의 빙하퇴적물에 대한 주요 논문 발표

2006년
눈덩이 지구 학회에서 빙하작용의 전 세계적 확산에 의문을 제기

2010년
캐나다 빙하퇴적물의 연대가 이 지역이 적도에 있었던 7억 1,650만 년 전으로 확인

얼어붙을 수 있습니다. 이 현상은 지구궤도의 변이, 태양광의 감소, 태양계가 은하의 나선팔을 통과하면서 얻은 우주선으로 인해 증가한 구름량 때문에 일어날 수 있습니다.

영원한 눈덩이

캘리포니아공과대학교의 조 커슈빙크Joe Kirschvink는 1992년 논문에서 '눈덩이 지구'라는 용어를 만들어서 이러한 지구의 냉각현상을 설명했고, 이 현상이 선캄브리아기에 일어났을 수도 있다고 주장했습니다. 하지만 반대론자들이 한 가지 문제를 제기했습니다. 지구가 밝고 하얀 눈덩이 상태에서는 바닷물이 증발하지 않아 구름이 만들어지지 않기 때문에 태양복사가 계속해서 우주로 반사되어 냉각현상이 절대 끝나지 않았을 것이라는 점입니다.

커슈빙크는 이 의문에 대한 해답을 제시했습니다. 그는 빙하와는 상관없이 지속되는 열원 하나가 지구 내부에 있다고 주장했습니다. 다시 말해 화산이 계속해서 분출하면서 이산화탄소를 배출했다는 것입니다. 개빙구역이 없으면 이산화탄소는 바다에 녹을 수 없었고 대기 중 수치가 10퍼센트에 이를 때까지 1천만 년 동안 이산화탄소가 쌓였을 것입니다. 그 후 전 세계의 빙하도 그런 온실에서는 살아남을 수 없었으며, 급격하게 녹으면서 엄청난 폭염이 발생했을 것입니다.

탄산염 뚜껑

이와 관련해 하버드대학교의 지질학자 폴 호프만Paul Hoffman은 1998년 논문을 통해 추가 증거를 발표했습니다. 그는 나미비아의 빙하퇴적물을 연구했고 그 퇴적물 위에 종종 석회암이 깔려 있다는 사실을 확인했습니다. 그는 이 탄산염 뚜껑이, 1천만 년 만에 처음으로 내린 따뜻한 비에 암석이 급격하게 화학적으로 풍화된 결과라고 주장했습니다. 이 비가 이산화탄소를 끌어내리고 석회암으로 퇴적시켰다는 것입니다.

지구에서 자연 발생하는 안정적인 탄소 동위원소는 탄소-12와 탄소-13 2가지입니다. 살아 있는 유기체는 탄소-12를 농축시키는 경향이 있고, 탄산염 뚜껑에는 탄소-13가 고갈되지 않았기 때문에 화산에서 유래한 이산화탄소로 볼 수 있습니다. 또한 탄산염 뚜껑의 기저에는 이리듐이 풍부한 층이 있습니다. 이리듐은 지구에서는 희귀하지만 우주에서 온 먼지와 운석에 풍부합니다. 따라서 1천만 년의 빙하에 이리듐이 풍부한 먼지가 축적되었을 수 있습니다.

배심원 판정

눈덩이 지구 이론은 흥미로운 이야기를 만들어냈지만, 아직 과학자 배심원들은 만장일치 평결을 내리지 못하고 있습니다. 원시 생명체는 어떻게 이러한 재앙에서 살아남을 수 있었을까요? 당시의 생명체가 모두 바닷속에 있었고 대부분이 해조류와 박테리아였다면 가능합니다. 유기체가 어떻게 두꺼운 얼음을 통해 광합성에 필요한 햇빛을 얻었을까요? 만약 빙하가 천천히 얼어 얼음이 거의 투명했다면 가능할 수 있습니다. 실제로 남극의 5미터 두께의 빙하 아래에 있는 건조한 계곡에서도 광합성이 일어나고 있습니다.

가장 큰 문제는 얼마나 완전히 얼어 있었는지입니다. 비판론자들은 낙하석이 개빙국역의 빙산을 타고 적도로 이동할 수 있으며, 개빙구역이 좁았더라도 대기 중 이산화탄소를 녹여서 대기 중에 이산화탄소가 쌓이지 않도록 막았을 것이라고 주장합니다. 또한 당시 지구자기장의 상태 역시 밝혀지지 않은 중요한 정보입니다. 만약 자기장이 지구의 자전축과 가깝게 정렬되지 않았다면, 일부 빙하퇴적물이 보이는 것만큼 적도에 가깝지 않았을 수도 있습니다. 이를 비롯한 다른 비판은 지구가 적어도 계절에 따라 개빙구역을 유지하면서 눈덩이가 아닌 슬러시덩이 지구를 이루었다는 추정으로 이어졌습니다.

4장

살아 있는 지구

지질학적 시간

지구의 시간에서 인간의 역사는 얼마나 될까?

지구과학이 전적으로 의존하고 있는 한 가지 개념이 있다면 바로 아주 깊은 '지질학적 시간Deep time'일 것입니다. 지질학적 시간을 배제하고는 단단한 암석이 흐를 수 없고, 산이 솟아오를 수 없으며, 빗방울이 암석을 닳게 할 수 없고 생명체 역시 점진적인 돌연변이를 통해 진화할 수 없었을 것입니다. 그럼에도 우리는 시간을 시간과 일, 연으로 측정하는 데 익숙하기 때문에 지질학적 시간을 이해하는 데 어려움을 겪습니다.

지구의 일생과 인간

지구의 물리적 규모에 대해서는 직접적인 경험이 가능합니다. 우리는 땅 위를 걷고 광활한 경치에 감탄하고 지구 반대편으로 날아가거나 우주에서 촬영한 지구 사진을 연구할 수 있으며, 스스로 관찰한 것을 토대로 지구의 물리적 크기를 이해할 수 있습니다. 그러나 시간은 다릅니다. 우리의 삶은 몇 시간과 며칠의 흐름에 좌우되고 우리

24시간으로 보는 지질학적 시간

0:00	02:00	06:00	10:00	20:30
지구에 응축 먼지와 암석 생성	미행성 대충돌기, 가장 오래된 암석	최초의 명확한 생명체의 화석 증거	대기 중 최초의 유리산소	눈덩이 지구의 가능성

는 연 단위로 기념일을 축하합니다. 그러나 이 같은 기준으로 지구의 시간 개념을 상상하는 것은 종이 한 장 두께에 대한 개념 정도만 가지고 지구의 시간 전체를 이해하려는 것과 같습니다.

한 세대는 이해하기 쉬운 범위의 먼 옛날을 표현할 수 있습니다. 만약 우리가 한 세대를 25년으로 잡는다면 우리 부모의 고조부모는 5세대 전인 19세기 빅토리아시대에 살았을 것입니다. 17세대를 올라가면 에스파냐 무적함대시대이고, 40세대를 거슬러 올라가기도 전에 1066년 노르만정복시대가 등장합니다. 스톤헨지제작시대에 도달하는 데는 약 180세대가 걸리며, 이 시대조차 지구의 역사로 보면 한참 후기에 일어난 사건일 뿐입니다. 4천 세대 전에 우리의 선조들은 아프리카 밖으로 이주하고 있었지만, 다르게 비유하면, 즉 지구의 일생을 24시간으로 표현한다면 인간의 이주는 단 2초 전에 일어났을 것입니다.

신학이 아닌 이성의 눈으로

18세기에 이르러 유럽에서는 더 이상 종교적 이단 행위로 화형을 집행하는 일이 줄어들었고 이성의 시대가 밝아오기 시작했습니다. 철학자들과 과학자들은 시간의 진정한 깊이에 대해 자유롭게 추측했고 단서가 될 수 있는 지질학 과정의 속도를 관찰하기 시작했습니다. 비슷한 시기에 프랑스에서는 브누아 드 마이예Benoît de Maillet가 해수면보다 높은 곳에서 발견된 조개 화석을 관찰했습니다. 그는 프랑스 항구가 진흙으로 뒤덮이는 속도를 추정했고, 그 원인을 해수면 하강으로 짐작했습니다. 1년에

| 21:00 | 22:00 | 23:38 | 23:58:40 | 23:59:58 |
| 캄브리아기 해양 생명체의 폭발적인 증가 | 육지에 최초의 동물 출현 | 공룡 멸종 | 최초의 직립 보행 호미닌 | 완전한 현대 인류가 아프리카 밖으로 이주 |

나선형 이미지로 구현한 지질학적 시간 © bablo Carlos Budassi

0.75밀리미터의 속도로 추정한 그의 예측에 따르면 가장 높은 산 위의 화석 연대는 24억 년 전이 되어야 한다는 것을 의미했습니다.

1821년 목사 윌리엄 버클랜드William Buckland는 요크셔의 한 동굴에서 수백 개의 뼈를 발견했습니다. 그중에는 하이에나와 그 먹이, 심지어 코끼리와 코뿔소의 뼈도 있었습니다. 그는 아무리 성경의 대홍수라 해도 이렇게 많은 뼈를 아프리카에서 이동시켰다고 보기 어려우며, 성경의 아담에서부터 노아까지 기록된 10세대보다 더 많은 세대가 필요하다고 결론지었습니다. 다시 말해 성경의 대홍수를 지질학으로 확인할 수 없다고 생각했습니다.

지질학적 시간의 아버지

1788년 제임스 허튼은 점진주의에 대해 설명한 그의 유명한 저서 『지구의 이론』을 발표했습니다. 점진주의는 지금 일어나고 있는 지구 현상이 결국 지질학적 과거의 모든 변화를 이룰 수 있다(24. 지형, 25. 점진주의와 격변론 참고)는 이론입니다. 그러기 위해서는 어마어마한 시간이 흘러야 하기 때문에 점진주의는 신학자들에게는 인기를 얻지 못했지만, 과학자들에게 지질학적 시간의 현상에 대해 생각하게 만들었습니다.

1841년 스코틀랜드의 지질학자이자 허튼의 지지자였던 찰스 라이엘은 나이아가라폭포를 방문했습니다. 나이아가라폭포는 협곡의 한참 뒤쪽에 자리하고 있었습니다. 라이엘은 40년 전에는 폭포가 45미터 더 가까운 곳에 있었다고 주장하는 노인을 만났습니다. 라이엘은 이를 바탕(과장된 발언의 한계를 고려하고)으로 지난 3만 5천 년 동안 11킬로미터의 협곡이 깎여 나갔다고 추정했습니다. 이제는 그의 추측이 지질학적인 관점에서 그리 길지 않은 시간임을 알고 있지만, 덕분에 사상가들은 성경의 시간척도에서 벗어날 수 있었습니다.

거시적 측면에서의 4차원

이제는 방사성 연대측정법(24쪽 〈연대 측정〉 참고)을 통해 지구의 나이가 45억 6천만 살이며 우주는 그보다 3배 오래되었다는 사실이 알려져 있습니다. 여전히 시간의 방대함을 이해하는 것이 어렵지만, 덕분에 우리는 지질학적 현상의 전체 범위를 이해할 수 있습니다. 맨틀대류와 대륙이동, 산의 융기와 침식은 모두 1년에 2센티미터 정도의 일반적인 속도로 진행됩니다. 인간의 시간척도에서 이 정도 속도는 하찮아 보입니다. 하지만 지질학적 시간에서 맨틀은 가마솥에 담긴 뜨거운 수프처럼 순환하고 대륙은 지구를 휘젓습니다. 산맥은 잠자는 용의 가슴처럼 오르락내리락하며 전체 식물과 동물 종이 탄생하고 진화한 뒤 멸종합니다.

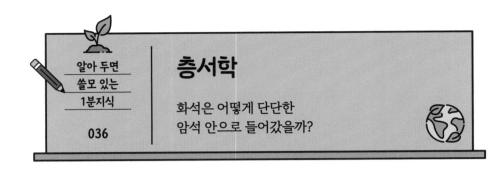

층서학

화석은 어떻게 단단한
암석 안으로 들어갔을까?

퇴적암은 층을 이루고 있으며 각 층은 연속한 지질학적 시간을 통해 차례차례 쌓였을 것이라는 점은 거의 분명해 보입니다. 이 사실을 처음으로 인식한 사람들은 지질학을 정확한 과학으로 탈바꿈하고 세상을 바꿀 지도를 만들었습니다.

덴마크의 젊은 과학자 니콜라우스 스테노Nicolas Steno는 지질학으로 전공을 바꾼 후 메디치가의 후원을 받아 코펜하겐에서 이탈리아의 피렌체로 유학을 떠났습니다. 그는 토스카나구릉지에서 발견한 화석이 과거의 생명체에 대한 기록이라고 생각했습니다. 하지만 화석이 어떻게 단단한 암석 안으로 들어갔을까요? 스테노는 퇴적암이 층을 이루고 있으며, 화석이 형성되기 위해서는 액체 환경에서 차례차례 층이 쌓여야 한다고 정확하게 추론했습니다.

스테노의 기본 원리

스테노는 1669년에 4가지 기본 원리를 발표했습니다. 먼저 지층누중의 원리에 따르

지질연대표

5억 4,200만 년	4억 8,800만 년	4억 4,400만 년	4억 1,600만 년
캄브리아기	오르도비스기	실루리아기	데본기

1억 4,500만 년	6,500만 년	5,600만 년	3,400만 년
백악기	팔레오세	에오세	올리고세

면, 암석이 층층이 순차적으로 형성되기 때문에 가장 오래된 암석이 맨 아래에 있습니다. 수평퇴적의 원리는 암석이 평평한 수평층을 형성한다는 것입니다. 측방연속성의 원리는 무언가로 인해 가로막히는 경우를 제외하고, 암석의 층은 지구를 가로질러 지속적으로 확장되었다는 내용입니다. 마지막으로 교차불연속성의 원리에 따르면 암석층을 뚫고 지나가는 모든 물체는 암석층보다 젊어야 합니다.

스테노의 4가지 원리는 모든 내용이 정확한 것은 아니지만, 층서학의 좋은 길잡이가 되었습니다. 퇴적암은 실제로 가장 어린 층이 맨 위쪽에 형성되지만, 너무 심하게 접혀서 순서가 뒤바뀌는 경우도 있습니다. 또한 사층리 같은 몇몇 예외를 제외하고 층은 원래 수평으로 쌓입니다. 단일한 층이 넓게 펼쳐져 있지 않더라도 별개의 두 장소에 같은 순서로 쌓인 층은 두 지역의 암석이 서로 같은 연대에 형성되었음을 보여주는 좋은 지표입니다.

서머싯 운하

스테노의 원리가 발전해서 실제로 적용되는 데는 1세기 이상이 걸렸습니다. 1790년대에 윌리엄 스미스William Smith는 영국 서머싯운하를 만들기 위해 제안받은 경로를 조사하고 있었습니다. 그는 운하를 파는 과정에서 마주치게 될 암석의 종류를 예측하고 물이 계속 운하로 들어올 수 있을지 예측해야 했습니다. 그는 곧 암석을 발견할 때마다 같은 순서로 같은 종류의 암석이 나타난다는 사실을 깨달았습니다. 더 나아가 각 층에 다른 장소에서도 확인할 수 있는 특징적인 화석이 존재한다는 사실을 알

| 3억 6천만 년 | 3억 년 | 2억 5,400만 년 | 2억 년 |
| 석탄기 | 페름기 | 트라이아스기 | 쥐라기 |

| 2,300만 년 | 533만 년 | 259만 년 | 1만 1,450년 |
| 마이오세 | 플라이오세 | 플라이스토세 | 홀로세 |

게 되었습니다. 그는 윌리엄 '지층Strada' 스미스로 알려지게 되었습니다.

오늘날 세계를 둘러보면, 현재의 모든 퇴적층이 똑같지 않다는 사실을 쉽게 알 수 있을 것입니다. 강바닥에는 자갈이 깔려 있을 수 있으며, 동시에 근처의 솔트플랫salt flats(염수의 증발로 염분이 침적된 평지)에는 진흙을 쌓고 있고 육지로 둘러싸인 바다에는 석회암이 퇴적되고 있습니다. 스미스는 이 사실을 알고 있었을 뿐만 아니라, 짧은 연속층 안에서만 발견되는 유사한 화석을 통해 서로 다른 퇴적물이 동시대에 쌓였음을 깨달았습니다.

최초의 지질도

스미스는 자신이 연구하고 있는 지층이 동쪽으로 갈수록 완만하게 낮아진다는 사실을 깨달았습니다. 스미스는 스테노의 수평퇴적의 원리가 사실이라면, 이어서 발생한 지동ground motion으로 인해 지층이 기울어졌을 것이라고 생각했습니다. 스미스는 이 사실을 이해하고 영국을 가로질러 서쪽에서 동쪽으로 이동하면서 점진적으로 최근의 암석이 등장하는 것을 확인했습니다. 이를 통해 지질학적 층의 각 주요 경계선을 손으로 그려 작성한 유명한 지질도를 완성할 수 있었습니다.

층 이름 짓기

많은 주요 층에는 이름이 있습니다. 일부는 채석공들이 사용하던 지역명에서 유래합니다. 지질학자들이 이름을 짓는 경우도 있는데, 이때는 암석이 발견된 장소를 묘사하거나 장소를 반영합니다. 비슷한 지층의 순서를 하나로 묶는 것은 자연스러운 과정이었고, 이는 지질학적 연대에 이름을 붙이는 작업으로 이어졌습니다. 이를 처음 시도한 사람은 독일의 지질학자 아브라함 베르너Abraham Gottlob Werner로, 그는 퇴적암의 연대를 제1기와 과도기, 제2기, 제3기로 나누었으며 그가 언급한 제3기는 아직도 지질 연대표에 사용되고 있습니다.

처음 확인된 지역명을 이름에 반영하기도 합니다. 캄브리아기와 오르도비스기, 실루리아기는 웨일스의 부족에서 이름을 따왔습니다. 데본기 암석은 잉글랜드 남서부의 데번 지역에서, 쥐라기 암석은 알프스 북쪽의 쥐라산맥에서

겹겹이 쌓여 있는 퇴적암

발견되었습니다. 백악기는 암석의 이름인 백악에서 유래했습니다.

로더릭 머치슨Roderick Impey Muchison 경은 층서학의 위대한 선구자 중 한 명입니다. 남잉글랜드와 알프스산맥, 스코틀랜드에서 중요한 연구를 수행한 그는 실루리아기를 확립하는 주요 업적을 남겼습니다. 단호한 성격의 그는 자신이 제안한 분류법을 강하게 주장했습니다. 그로 인해 영국 지질조사국의 설립자인 헨리 드 라 베슈Henry De La Beche 경과 큰 의견 차이를 보이기도 했습니다. 드 라 베슈는 실루리아기 암석이라고 생각한 위치에서 석탄기의 석탄과 연관성이 있는 것으로 보이는 화석을 발견한 적이 있었기 때문에, 화석을 지층의 상관관계를 밝히는 데 사용할 수 없다고 주장했습니다. 하지만 머치슨은 화석이 석탄기 암석 아래쪽에 있고, 석탄기와 실루리아기 암석 사이에 침식층이 있으며, 이 층은 잉글랜드 남서부의 오래된 붉은 사암 퇴적층과 같다는 사실을 증명했습니다. 결국 침식된 층의 공백을 채우기 위해 데본기가 탄생했습니다.

층의 연대

1977년에 설립된 국제층서위원회는 시대 사이를 정확하게 구분하고 절대 연대를 부여하기 위해 노력하고 있습니다. 아서 홈즈(24쪽 〈연대 측정〉 참고)의 뼈를 깎는 노력으로 20세기 전반에 걸쳐 정립한 방사성 연대측정법은 매우 정확한 것으로 확인되었으며 그 이후로 약간 개선되었습니다.

생명의 기원

지구 최초의 생명체는 어떻게 탄생했을까?

생명체는 마법처럼, 기적적인 것으로 보입니다. 사람들이 생명을 신의 창조물이라고 생각한 것도 이상한 일이 아닙니다. 생명의 기원은 여전히 과학의 위대한 미지의 영역에 속해 있습니다. 그러나 고대의 흔적과 현대의 실험으로 우리는 생명의 비밀에 가까워지기 시작했습니다.

생명의 핵심

지구상에서 가장 원시적인 박테리아라 해도 '단순하다'는 표현은 어울리지 않습니다. 현존하는 모든 생명체는 매우 미묘하게 복잡하기 때문에 우연히 생겨났다고 상상하기 어렵습니다. 그렇다면 생명의 핵심은 무엇일까요?

생명의 정수는 복제를 만들거나 재생산하는 능력이며, 그러기 위해서는 유기체의 본질을 정의하는 어떤 암호나 명령집합처럼 복제할 무언가가 필요합니다. 우리가 아는 지구상의 모든 생명체는 DNA의 이중나선으로 운반되거나, 일부는 RNA의 단

기원전 5세기	1861년	1920년대	1953년
아낙사고라스가 배종발달설의 개념을 제안	루이 파스퇴르가 멸균 플라스크 실험을 통해 생명이 자연적으로 발생하지 않음을 증명	러시아의 오파린과 영국의 홀데인이 생명의 기원에 관한 최초의 생화학 모형 제안	스텐리 밀러가 실험실에서 생명체의 화학적 구성 요소 제작

일나선으로 운반되는 유전암호입니다. 다음으로 유전암호를 복제할 기제가 필요한데, DNA의 경우에는 단백질과 효소, 세포구조의 복잡한 체계를 사용합니다. 이러한 기능을 수행하기 위해서 살아 있는 유기체는 환경에서 화학에너지나 태양에너지 같은 에너지를 추출해야 합니다. 그리고 이 모든 복잡한 체계를 담기 위해서 유기체에는 일종의 막이나 세포벽이 있어야 합니다.

생명체의 구성 요소

1953년 스탠리 밀러Stanley Miller는 찰스 다윈의 '따뜻한 작은 연못warm little pond' 가설에서 착안해 대표적인 기체들을 통해 전기를 방출시킴으로써 생명체의 화학적 구성 요소들을 얼마나 많이 만들 수 있는지를 보여주는 유명한 실험을 수행했습니다. 하지만 아마도 그 요소들을 만드는 것이 문제가 아니었을 것입니다. 지구의 역사 초기에 빈번하게 떨어졌을 것으로 보이는 탄소질 운석은 필수 아미노산과 염기를 많이 함유한 채로 발견됩니다. 그러나 생명체의 구성 요소가 풍부하더라도 그 존재만으로 생명체가 만들어질 가능성은 고철 처리장에서 무작위로 폭발을 일으켜 제대로 작동하는 자동차가 만들어질 가능성 정도입니다.

생명체가 숨을 곳은 어디에?

그렇다면 적합한 세포구조가 나타나기 전까지 모든 화학물질을 하나로 묶어둔 물질은 무엇일까요? 가능성 있는 후보 중 하나는 점토광물입니다. 점토는 얇은 층을 형

1986년
하버드대학교의 월터 길버트가 'RNA 세계'라는 용어 사용

1992년
윌리엄 쇼프가 오스트레일리아에서 35억 년 된 미화석 보고

1996년
데이비드 맥케이가 화성 운석에서 미화석을 발견했다고 주장

2011년
마틴 브레이저가 34억 년 된 암석에서 황촉매 박테리아 화석 발견

살아 있는 화석으로 불리는 웨스턴오스트레일리아 테티스호수에 있는 스트로마톨라이트

성할 수 있고, 간혹 발생하는 결정격자의 결함이 가까운 층에 복제되기도 합니다. 또 다른 후보는 대기 중 산소가 없었던 시기에 풍부한 광물이었을 바보의 금, 즉 황철석입니다.

원시 지구에서 '따뜻한 작은 연못'도 그리 안전한 장소는 아니었을 것입니다. 일부 과학자의 주장에 따르면 우주로부터 온 방사선과 운석, 소행성의 지속적인 폭격이 지구 표면을 거주하기 힘든 곳으로 만들었습니다. 그들은 생명체가 해저의 화도 volcanic vent 주위나 심지어 지하의 열수계에서도 탄생했을 것이라고 주장합니다.

최초의 화석

초기 생명체의 화석 증거를 찾기 위해 애쓰던 고생물학자들은 두 가지 문제에 직면해 있습니다. 하나는 지질학적 기록을 거슬러 올라갈수록 암석은 더 많이 접히고 부러지고 가열되고 또 다른 방법으로 변형되어 있다는 것, 다른 하나는 고생물학자들이 찾고 있는 생명체는 작고 부드러워서 화석 흔적을 남길 가능성이 적다는 것입니다.

그린란드의 가장 오래된 38억 년 전 암석 가운데 일부는 미세한 탄소 입자를 함유하고 있습니다. 이 암석에는 무기탄소에서 발견되는 것보다 조금 적은 탄소-13이 포함되어 있으며, 오늘날에는 이것을 생명체의 지표로 간주하고 있습니다. 이 탄소 입자는 지구상 최초 생명체의 증거일지 모릅니다. 웨스턴오스트레일리아에서 유래한 35억 년 전 변성암 속 아주 작은 구조체는 거의 틀림없이 남세균의 잔재일 것입니다. 그리고 이후의 퇴적암에서 발견되는 더 크고 층진 구조체는 남세균의 군집으로 만들어졌다고 알려진 스트로마톨라이트stromatolites와 닮았습니다. 근처에서 발견된 34억 년 전 오스트레일리아 암석의 미화석microfossil(눈으로 볼 수 없는 작은 화석)은 당시 얕고 따뜻한 바다였던 장소에서 온 것입니다. 이는 황철석 모래 속의 황에서 화학 에너지를 얻었던 생명체의 흔적일 것입니다.

배종발달설

지구 생명체의 기원은 수수께끼로 둘러싸여 있기 때문에 많은 사람들은 생명이 우주에서 씨앗이 생겨난 뒤 우주 전체에 널리 퍼졌을 것이라고 주장하고 있습니다. 배종발달설panspermia이라고 하는 이 가설은 기원전 5세기에 그리스의 철학자 아낙사고라스Anaxagoras가 처음 언급했습니다. 켈빈 경을 포함한 몇몇 19세기 과학자들이 이 가설을 부활시켰고, 20세기에 들어서 혜성 분진이 유행병의 원인일 수 있다고 주장한 천문학자 프레드 호일Fred Hoyle의 지지를 받았습니다. 그러나 배종발달설을 뒷받침하는 증거 중 화성에서 유래한 운석의 미화석에 대해서는 논란이 있습니다. 화성은 태양계의 역사 초기에 생명체가 살기에 더 적합했을 것입니다. 하지만 일부 과학자들은 배종발달설이 문제 해결을 지연시킬 뿐이라고 주장합니다. 어쨌든 어딘가에는 '따뜻한 작은 연못'이 있어야 하기 때문입니다.

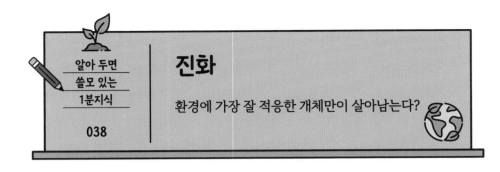

중세 유럽은 아리스토텔레스로부터 몇 가지 오류를 물려받았습니다. 대표적으로 태양이 지구 주위를 돈다는 것과 생명체의 형태가 신성한 우주의 질서를 반영해서 고정되어 있다는 것입니다. 아리스토텔레스의 천문학적 오류는 생물학보다 먼저 뒤집혔습니다. 18세기까지 과학자들은 탐험을 통해 생명체의 형태와 종이 매우 방대하다는 사실을 알게 되었습니다. 화석 수집가들은 많은 종이 멸종되었다는 것을 밝히며 새로운 관점을 제시했습니다. 박물학자들은 일부 종간의 유사성을 인지할 수밖에 없었고 두 종이 연관되어 있을 수도 있다고 추측했습니다.

유전

당시에는 아무도 유전자나 DNA에 대해 알지 못했기 때문에 유전의 기제와 다양화의 수단이 수수께끼로 남아 있었습니다. 진화론을 처음으로 제시한 사람은 프랑스의 박물학자 장 바티스트 라마르크Jean-Baptiste Lamarck였습니다. 1800년 한 강의에서

기원전 약 340년
아리스토텔레스가 생명체의 형태는 신성한 우주의 질서를 반영해 고정되어 있다고 주장

1686년
존 레이가 관찰 가능한 특성에 따라 정의된 종의 개념 도입

1735년
칼 폰 린네가 종과 속을 분류할 때 지금도 사용하는 이명법 도입

1798년
토머스 맬서스가 역사적으로 큰 영향을 미칠 책 『인구론』 발표

그는 2가지 원리를 제안했습니다. 하나는 복잡성 증가의 원리이고 다른 하나는 환경에 대한 적응 원리였습니다. 그는 동물이 일생 동안 획득한 특성이 후손에게 전달될 수도 있다고 추측했습니다. 예를 들어 그의 이론에 따르면 근육질의 대장장이는 튼튼한 아들을 낳을 가능성이 높았습니다. 마찬가지로 땅속에 사는 두더지에게 시력이 없고 새에게 이빨이 없는 것처럼 사용하지 않는 특성은 사라질 수 있습니다.

적자생존

1798년 '인구론'이라는 제목의 소논문이 익명으로 발표되었습니다. 논문의 저자로 밝혀진 토머스 맬서스Thomas Robert Malthus는 인구 증가가 가장 잘 적응한 사람은 살아남고 적응하지 못한 사람은 소멸하는 생존을 위한 투쟁으로 이어질 수 있다고 주장했습니다. 이 논문은 진화론의 두 주요 인물인 앨프리드 러셀 월리스Alfred Russel Wallace와 찰스 다윈에게 영향을 미쳤습니다.

두 사람은 성장배경이 매우 달랐으며 서로 다른 길을 걸었습니다. 다윈은 5년 동안 비글호를 타고 세계 여행을 했습니다. 반대로 월리스는 동남아시아의 말라리아 늪지에서 수집한 표본을 팔아 연구 자금을 조달해야 했습니다. 하지만 두 사람은 동식물이 특정 환경에 얼마나 잘 적응하는지에 관한 주제에 몰두했습니다. 둘은 환경에 가장 잘 적응한 개체만이 번식할 수 있다는 사실을 깨달았습니다. 자연선택이라는 개념이 탄생한 것입니다.

1800년
라마르크가 획득형질의 유전에 대한 변성돌연변이설 제안

1859년
찰스 다윈이 「종의 기원」 출간

1889년
휴고 드 브리스가 유전자 개념 제안

1953년
프란시스 크릭과 제임스 왓슨이 유전암호를 전달하는 DNA 구조 발견

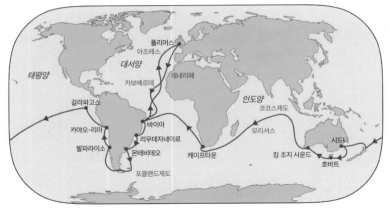

찰스 다윈의 비글호 여정

선례

1858년 7월 1일, 런던의 린네협회에서는 두 과학자의 논문이 발표되었습니다. 월리스는 아직 말레이제도에 있었고 다윈은 젖먹이 아들이 성홍열로 세상을 떠난 직후라 둘 다 참석하지 않았기 때문에 논문은 총무가 읽었습니다. 1년 후 다윈은 자신의 유명한 책 『종의 기원』을 출간했고, 그 결과 진화론을 제기한 공로를 인정받음과 동시에 종교계 반대자들의 비난을 받았습니다.

진화론은 다윈의 예상보다 더 큰 논란을 일으켰습니다. 1860년에는 옥스퍼드에서 다윈을 대변하는 토머스 헉슬리Thomas Huxley와 진화론에 반대하는 교회의 입장을 대변하는 윌버포스Samuel Wilberforce 주교 사이에 격렬한 논쟁이 이어졌습니다. 다윈의 사촌인 프랜시스 골턴Francis Galton이 제기한 유전병이나 정신장애가 있는 사람들의 적합성에 대한 논란은 결국 우생학 운동과 강제 불임수술로 이어지기도 했습니다.

현재의 진화론

진화론의 개념은 여전히 오해 때문에 고통을 겪고 있습니다. 가장 흔한 오류는 인간이 침팬지나 고릴라의 후손이라는 것입니다. 인간은 침팬지의 후손이 아닙니다. 우리는 600만 년 전 또는 800만 년 전에 침팬지와 공동 조상을 공유했을 수도 있습니다. 안타깝게도 화석 기록은 완벽하지 않기 때문에 현재의 동물과 멸종된 화석의 친척 사이에 유사성을 쉽게 발견하더라도 직계혈통을 주장하는 것은 큰 실수입니다. 그중 '멸실환滅失環, missing link(생명의 진화 과정에서 사라진 생물종을 이르는 말. 진화 계열의 중간에 존재한 것으로 추정되지만 화석으로 발견되지 않은 종을 이른다)'은 대중매체에서 흔히 잘못 사용하고 있는 용어입니다. 먼 친척이나 호미닌hominin(분류학상 인간의 조상으로 분류되는 종족)의 화석이 점점 더 많이 발견될수록 인류 진화의 가계도가 가지가 많은 덤불에 가깝다는 사실이 더욱 분명해집니다. 그중 대부분의 가지는 멸종에 이르렀고 우리의 직계 조상에 이르는 가지에 어떤 화석이 있는지 답하는 것은 거의 불가능합니다.

인간의 진화를 비롯해 어떤 측면에서 보더라도 자연이 매우 독창적이라는 사실은 분명하며, 멸종과 궁극적인 성공의 차이점을 구별하는 것은 쉽지 않습니다.

수렴

진화론 비판자들은 인간의 눈과 같은 복잡한 구조를 가리키면서 이렇게 묻습니다. 이렇게 복잡한 구조가 우연히 발생하는 것이 가능한가요? 그러한 복잡한 구조는 진화를 위한 도전일 뿐 진화에 대한 도전은 아닙니다. 가장 명확한 증거로 오징어와 가리비, 새우와 인간에 이르기까지 서로 다른 눈의 종류가 진화의 과정에서 대여섯 번이나 독자적으로 발달했다는 사실을 들 수 있습니다. 구조가 비슷하다고 해서 항상 진화적으로 관련성이 있다고 가정하면 안 된다는 경고이기도 합니다. 수렴 진화의 여러 예에서 관련이 없는 종 사이에서도 비슷한 문제가 발생했을 때 비슷한 해결책이 등장하곤 하기 때문입니다. 예를 들면 상어와 돌고래의 유체역학적 체형을 들 수 있습니다.

알아 두면
쏠모 있는
1분지식

039

에디아카라

갑자기 나타났다가 감쪽같이 사라진
동물군이 있다?

찰스 다윈의 시대에는 캄브리아기보다 오래된 화석이 있다는 사실을 아무도 믿지 않았습니다. 하지만 이제는 다릅니다. 사우스오스트레일리아의 에디아카라 구릉지대 Ediacara Hills에는 약 6억 년 전으로 거슬러 올라가는 화석이 풍부하게 발견됩니다. 이 화석들은 아주 다양한 시대와 오늘날 우리에게 익숙한 생명체들과는 매우 다른 존재를 밝혀줍니다.

존재하기 어려운 연대?

찰스 다윈과 그의 동시대 사람들은 약 5억 4,200만 년 전에 시작된 것으로 알려진 캄브리아기 화석보다 오래된 것은 없다고 믿었습니다. 그러나 그 믿음은 1957년의 어느 날 찬우드숲에서 암벽 등반을 하던 영국 레스터셔의 학생 로저 메이슨Roger Mason으로 인해 깨졌습니다. 그는 우연히 암석에서 양치식물의 잎처럼 생긴 무언가를 발견했습니다. 이전까지 화석을 찾을 수 있을 것이라고 아무도 생각하지 못했던 선캄

선캄브리아기

35억 년 전
웨스턴오스트레일리아에서 박테리아와 조류로 추정되는 화석에 대한 첫 증거

25억 년 전
사상조류의 존재에 대한 최초의 명백한 증거

11억 년 전
인도에서 발견된 벌레 굴 추정 연대

10억 년 전
스코틀랜드 북서부 토리도니아에서 발견된 민물 육생 미화석 연대

브리아기의 암석에 화석이 있었습니다. 그러나 메이슨은 레스터서대학교의 지질학자에게 화석을 보여주었고 그것이 정말 화석이라는 사실을 깨달은 지질학자는 화석에 '차니아 마소니Charnia masoni'라는 이름을 붙여주었습니다.

사실 원반 모양의 화석은 이미 1868년에 뉴펀들랜드의 선캄브리아기 암석에서 지질조사관 알렉산더 머레이Alexander Murray가 발견했습니다. 머레이는 화석을 특정 암석층에 대한 간편한 표지자로 이용했지만, 암석이 캄브리아기 암석 아래에 있었기 때문에 감히 화석이라고 주장할 수 없었습니다.

에디아카라기

1946년 젊은 지질학자 레그 스프리그Reg Sprigg는 사우스오스트레일리아 정부의 지시를 받아, 다시 사용할 만한 수익성이 있는 광산을 찾기 위해 플린더스산맥의 에디아카라 구릉지대로 떠났습니다. 점심을 먹던 중 그는 캄브리아기 초기나 선캄브리아기의 화석으로 보이는 해파리를 닮은 화석을 발견했습니다. 하지만 그의 발견은 거의 관심을 받지 못했고, 그가 쓴 논문 역시 학술지《네이처》에서 거절당했습니다. 시간이 흐른 후에야 선캄브리아기와 그의 발견에 대한 진정한 중요성이 인정되었고, 100년 이상 동안 만들어진 최초의 지질학적 시기는 에디아카라기Ediacaran로 부르게 되었습니다. 에디아카라기는 러시아 북부에서 발견된 선캄브리아기의 화석 유적지의 이름을 딴 벤디아기Vendian와 겹치는 시기입니다. 에디아카라 화석은 현재 나미비아와 뉴펀들랜드를 비롯한 여러 장소에서 발견되고 있습니다.

6억 3천만 년 전
에디아카라기 초기 화석화된 배아

6억 1천만 년 전
최초의 거대한 에디아카라기 화석

약 5억 6천만 년 전
레스터서에서 발견된 차니아 마소니와 뉴펀들랜드의 에디아카라 화석

5억 4,200만 년 전
에디아카라기와 동물상의 끝, 캄브리아기 시작

에디아카라기 해저 모습 상상도(차니아와 디킨소니아, 트리브라키디움, 스프리기나)

새벽의 이상한 생명체

에디아카라기를 보여주는 가장 좋은 예 중 일부는 애들레이드에서 북쪽으로 200킬로미터가량 떨어진 에디아카라 지역의 양떼목장에서 찾을 수 있습니다. 화석은 낮은 각도의 햇빛이 완만한 기복으로 그림자를 만들고 파리가 깨어나기 전인 동튼 직후에 가장 관찰하기 쉽습니다. 일부는 길이가 30센티미터에 이르는 양치식물의 잎 모양을 하고 있으며 차니아와 비슷합니다. 5센티미터의 둥근 원반 모양을 한 화석과 타원형에 평평한 물결선으로 뒤덮인 화석도 있습니다. 넓고 평평한 벌레를 닮은 생명체의 마디였을까요? 그중 일부는 가로 길이가 최대 1미터에 이릅니다. 스프리기나 Spriggina라는 또 다른 생명체는 캄브리아기에 있었던 삼엽충이 길쭉해진 모양을 하고 있습니다.

이상한 화석들의 정체는 무엇일까요? 둥근 원반은 아마도 길쭉한 잎 모양 차니아가 해저에 붙어 있기 위해 사용한 흡착기관일 것입니다. 마디가 나뉜 타원형의 디킨소니아 Dickinsonia는 앞과 뒤가 있는 것처럼 보이고, 해저의 남세균을 잡아먹으면서 천천히 기어 다녔기 때문에 가끔 점액질 흔적을 남겼을 것입니다. 이러한 화석들은 지금의 해파리나 부드러운 산호, 환형동물 등과 생김새가 비슷하기는 하지만, 이것이 조상과 후손의 관계를 의미하지는 않을 수 있습니다.

에디아카라의 정원

모든 에디아카라 동물상에서 분명한 것은 단단한 부분이 없다는 점입니다. 에디아카라기의 동물은 껍데기나 보호해줄 단단한 피부층이 없었고 결정적으로 턱이 없었습니다. 예를 들어 디킨소니아는 매우 부러지기 쉬웠으며, 수십 센티미터 길이에 두께가 1센티미터도 되지 않는 유체 덩어리였습니다(화석이 되기 전에 접힌 일부 화석을 통해 알 수 있습니다). 확실히 주변에 포식자가 없었을 것입니다. 만약 포식자가 있었다면 디킨소니아는 오래 살아남지 못했을 것입니다. 그래서 이 시기를 에덴의 정원에 빗대어 '에디아카라의 정원'이라고도 합니다. 그러나 한 고생물학자의 말처럼 디킨소니아에게는 안된 일이지만, 생명체의 입이 단단하게 진화하면서 디킨소니아는 지금 우리가 피자를 먹는 것만큼이나 많이 잡아 먹혔을 것입니다.

화석 배아

에디아카라기와 캄브리아기에 폭발적으로 탄생한 다양한 거시적 생명 형태에도 분명 시작이 있을 것입니다. 고생물학자들은 해답을 찾기 위해 미화석으로 고개를 돌리고 있습니다. 현재 화석화 배아의 존재를 보여주는 여러 선캄브리아기 암석이 발견되었는데, 그중 일부는 이 책의 마침표보다 크지 않습니다. 가장 잘 보존된 표본은 5억 7천만 년 전으로 거슬러 올라가는 중국의 도우샨투오 지층Doushantuo formation입니다. 가장 큰 에디아카라기 화석보다 약간 앞선 연대입니다. 과학자들은 발전된 엑스선 기술을 이용해서 배아 내의 개별 세포를 확인할 수 있습니다. 다수는 해면동물이나 산호의 배아로 보이지만, 일부 배아는 좌우 대칭인 것으로 보이며 캄브리아기의 절지동물과 벌레 그리고 아마도 우리의 조상일 수 있습니다.

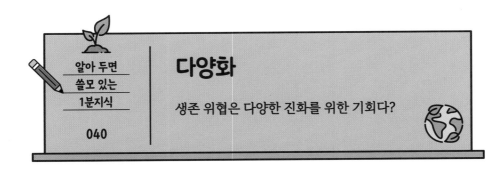

다양화

생존 위협은 다양한 진화를 위한 기회다?

지난 5억 4천만 년 동안 살아 있는 유기체에게 일어난 일들을 가장 잘 설명하는 한 단어가 있다면 그것은 다양화일 것입니다. 다양화는 캄브리아기 바다에서 놀라운 생명체들의 폭발과 함께 시작했으며, 식물과 동물이 육지로 이동해서 지구상의 가능한 모든 곳에서 서식하게 되면서 계속되었습니다.

땅속으로 간 생명체

캄브리아기는 에디아카라의 평온한 점액질 정원과는 시작부터 매우 달랐을 것입니다. 해저에 남은 부분은 모두 굴을 만들고 굴을 헤집는 동물들 때문에 뒤섞였습니다. 미생물매트를 먹어치우는 넓적하고 부드럽고 연약한 디킨소니아가 나타나자 벌레들은 땅속으로 숨었습니다. 일부 흔적화석trace fossil에서 그 증거를 확인할 수 있는데, 흔적화석은 흔적을 만든 동물이 아니라 특정 사건을 기록하는 화석을 말합니다. 한 흔적화석을 보면 수많은 작은 발로 만들어진 폭이 약 1센티미터인 분명한 발자국

고생대의 주요 사건

5억 4,200만 년 전	5억 1천만 년 전	5억 5백만 년 전	4억 4천만 년 전
캄브리아기 시작, 바다에서 급격한 다양화 진행	캐나다의 버제스혈암 동물군	오르도비스기 시작, 바다에서 물고기, 육지의 첫 절지동물	빙하기가 시작되면서 오르도비스기 끝

들이 해저에서 벌레 굴로 이어집니다. 화석에는 격렬하게 굴을 판 흔적이 있으며 벌레의 흔적은 없습니다. 누군가 저녁 식사로 먹어치운 것 같습니다.

진화의 군비 경쟁

벌레를 잡아먹은 생명체는 삼엽충입니다. 삼엽충은 커다란 쥐며느리처럼 생긴 절지동물이며, 오늘날 가장 가까운 친척은 투구게입니다. 단단한 단백질 껍질이 발달했고 다리와 입 부분 역시 단단한 외골격으로 둘러싸여 있어 사실상 턱처럼 기능합니다. 이처럼 골격이 단단한 동물은 삼엽충만이 아니었습니다. 특정 삼엽충 화석에서 꼬리에 곡선 모양의 사라진 부분이 발견되었습니다. 자세히 들여다보면 갓 생긴 상처가 아님을 알 수 있습니다. 아물기 시작한 상처는 삼엽충보다 훨씬 큰 절지동물인 '이상한 새우'라는 뜻의 아노말로카리스Anomalocaris의 단단한 입 부분과 정확하게 같은 모양입니다.

그렇게 공룡시대 이후까지 이어진 먹고 먹히는 진화의 군비 경쟁이 시작되었습니다. 절지동물이 갑옷을 발명하는 동안, 연체동물과 완족동물은 굶주린 포식자로부터 스스로를 보호하기 위해 껍질을 만드는 법을 발견했습니다. 하지만 군비 경쟁은 계속되었습니다. 캄브리아기 껍질 화석을 보면 일부 포식 생명체들이 뚫은 작고 깔끔한 구멍을 확인할 수 있지만, 구멍을 뚫은 생명체가 무엇인지는 아직 밝혀지지 않았습니다.

4억 4천만~4억 1천만 년 전
실루리아기, 바다에 산호초와 턱 있는 물고기, 식물, 거미와 지네가 육지로 상륙

4억 1천만~3억 6천만 년 전
데본기, 물고기의 시대, 육지에 무성한 초목 발달

3억 6천만 년 전
대멸종 사건 이후 석탄기 시작

3억 3,500만 년 전
알을 낳는 파충류의 시작 추정

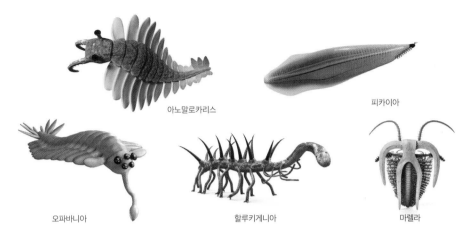

아노말로카리스

피카이아

오파비니아

할루키게니아

마렐라

버제스혈암에서 발견된 생명체 복원도

놀라운 생명체들

캐나다의 버제스혈암Burgess Shale에는 아노말로카리스와 그 동족의 납작한 사체가 훌륭하게 보존되어 있습니다. 중국 남서부의 청장지층에서는 그보다 온전한 다른 화석을 확인할 수 있습니다. 이 화석은 오늘날 지구상의 어떤 동물과도 닮지 않은 온갖 환상적인 생명체들과 함께 갑작스럽고 놀라운 해양 생명체의 다양화를 기록하고 있습니다. 그중 오파비니아Opabinia에게는 앞쪽에 먹이를 먹기 위한 것으로 추정되는 긴 주둥이와 5개의 눈이 있습니다. 할루키게니아Hallucigenia라는 특이한 이름을 가진 생명체는 한쪽 면에 두 줄의 가시가 있고 다른 쪽에 촉수가 있으며 어떻게 움직였는지 알 수 없을 정도로 생김새가 아주 특이합니다(할루키게니아는 촉수로 걸었을 것으로 추정됩니다). 마렐라Marrella의 다리와 부속기관은 레이스 같습니다. 아노말로카리스는 수영을 할 수 있도록 마디가 나뉘었으며, 둥글납작한 머리에는 먹이를 둥근 입 쪽으로 끌어올 수 있도록 갈고리를 닮은 2개의 부속기관이 있습니다. 그래서 처음에는 해파리로 잘못 알려지기도 했습니다. 당시의 화석은 괴물을 만들기 위한 환상적인 실험실처럼 보입니다. 무엇과 무엇이 연관되어 있으며 어떤 생명체가 우리가 오늘날 아는 어떤 생명체로 변했는지에 대해서는 여전히 격렬한 논쟁이 이어지고 있습니다.

육지의 침략

2억 년 전의 초기 석탄기로 빠르게 거슬러 올라가봅시다. 이제 멸치 살덩이는 경골어류bonny fish로 진화하면서 바다에서 최상위 포식자가 되었습니다. 일부는 초기에 해저에서 돌아다니기 위해 사용했을 4개의 근육질 지느러미가 있었습니다. 그런데 갑자기 새로운 위협과 새로운 기회가 왔습니다. 그들은 포식자에게서 도망쳐 진흙투성이 해안가 위로 스스로를 끌어올리기 위해 지느러미를 사용할 수 있다는 것을 발견했습니다. 무성하게 성장한 식물들은 지금보다 더 많은 산소를 대기 중으로 내보냈을 것입니다. 생명체는 피부를 통해 그리고 아마도 부레를 통해 산소를 흡수해서 호흡할 수 있다는 사실을 깨달았을 것입니다. 한동안 양서류로 이어진 그들의 후손은 번식하기 위해 물로 돌아가야 했습니다. 그러나 결국 그들은 육지에 알을 낳을 수 있게 되었고, 우리는 이 생명체를 파충류라 부릅니다.

위협과 기회

위협은 분명 급격한 다양화라는 기회를 불러올 수 있습니다. 캄브리아기에 등장한 단단한 신체의 진화는 포식과 방어 모두를 위한 새로운 전략으로 이어졌습니다. 또한 오르도비스기에 다리가 진화하고 공기를 호흡하는 능력을 갖게 되면서 육지의 온갖 서식지로 향하는 길이 열렸습니다. 진화는 활용할 새로운 서식지와 서식지를 식민지화할 새로운 수단을 얻으면서 비약적으로 발전했습니다.

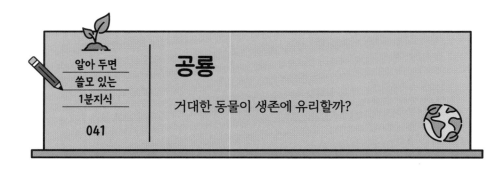

공룡

거대한 동물이 생존에 유리할까?

캄브리아기에 시작된 진화의 군비 경쟁은 공룡시대에 절정에 이르렀습니다. 1억 6천만 년이 넘는 시간 동안 거대한 파충류는 지구를 지배했고 몸집이 큰 것이 생존에 꽤 효과적이라는 사실을 증명했습니다. 공룡은 중생대의 왕이었습니다. 공룡은 약 2억 3천만 년 전 트라이아스기 후기에 처음 등장했으며, 이름이 있는 종만 1천 가지가 넘는 다양하고 광범위한 파충류목입니다. 이론적으로 거대한 해양 파충류와 익룡은 공룡이 아니지만, 아직 멸종하지 않은 공룡의 후손이 있는데 바로 조류입니다.

궁극적인 군비 경쟁

최근의 TV 공룡 다큐멘터리에서는 모든 공룡 종을 가장 크고 사나운 것으로 묘사하는 것 같습니다. 확실히 그런 공룡이 많기는 합니다. 가장 큰 공룡은 거대한 초식 용각류이며, 그중 최고 기록은 목이 긴 아르젠티노사우루스Argentinosaurus입니다. 아르젠티노사우루스는 길이가 40미터에 이르렀으며 몸무게는 거의 100톤이었습니다.

중생대의 주요 사건

2억 3천만 년 전	2억 년 전	1억 6천만 년 전	1억 5천만 년 전
트라이아스기 후기, 공룡에 대한 최초 기록	멸종 사건, 쥐라기 시작	쥐라기 후기, 육지에 디플로도쿠스와 스테고사우르스, 바다에 플리오사우루스와 플레시오사우루스 등장	독일 남부에 하늘을 나는 시조새 출현

사납기로 1, 2위를 다투는 공룡은 유명한 티라노사우르스 렉스Tyrannosaurus rex와 그보다 몸집이 조금 더 크고 무게가 약 8톤이며 악어 턱을 가지고 있고 등에 돛을 달고 있는 스피노사우르스Spinosaurus입니다.

공룡은 긴 이름과 인상적인 통계 기록을 다투는 게임에서 선두를 달리고 있지만, 결국 다른 모든 것보다 크기가 중요합니다. 턱이 단단하고 보폭이 클수록 저녁거리를 확보할 확률도 높아지기 때문입니다. 심지어 초식 공룡의 경우에도 몸집이 커지거나 더 단단한 갑옷을 두를수록 저녁밥이 될 가능성이 줄어듭니다. 결국 진화의 군비 경쟁은 몸집을 지탱할 수 있는 공룡의 다리와 근육의 능력에 국한되었습니다.

따뜻하게, 시원하게

몸집이 커지면서 발생할 수 있는 문제는 몸무게 지탱뿐만이 아니었습니다. 오늘날 모든 파충류는 냉혈동물입니다. 사실 '냉혈'이라는 단어는 부적절합니다. 체온이 외부 요인에 따라 결정되기 때문입니다. 추운 밤이 지나면 뱀은 활동하기 전에 햇빛 아래 누워 몸을 데워야 합니다. 반대로 과열 상태에 이르기도 합니다. 몸이 커지면 몸집 대비 표면적이 줄어들기 때문에 문제가 생깁니다. 몸이 추우면 때 몸을 데우는 데 더 오래 걸리고 더울 때는 열기를 내보내기가 어렵습니다.

공룡시대에는 기후가 오늘날보다 상당히 따뜻한 특징이 있었기 때문에 몸을 식히기가 훨씬 어려웠을 것입니다. 스테고사우르스Stegosaurus의 등줄기를 따라 자리한 골판과 그 안에 두꺼운 혈관의 흔적이 있는데, 골판이 코끼리의 귀와 같이 열기를 식

1억 4,500만 년 전	1억 2,500만 년 전	8,000만 년 전	6,500만 년 전
백악기의 시작, 최초로 꽃을 피우는 식물 등장	중국에 깃털 달린 공룡 출현	백악기 후기, 육지에 티라노사우르스, 바다에 크로노사우루스, 하늘에 익룡 등장	백악기의 끝, 남아 있던 모든 공룡의 갑작스러운 멸종

랴오닝성에서 발견된 미크로랍토르 화석

히는 역할을 했을 것으로 추측할 수있습니다. 공룡이 온혈동물이었다는 증거를 보여주는 미세한 공룡의 뼈 구조가 발견되기도 합니다. 발견된 뼈 구조에는 포유류처럼 몸 안에서 체온을 조절하는 특징이 있었습니다. 일부 공룡의 몸에서 깃털처럼 가늘고 부드러운 솜털이 자랐다는 발견은 이것이 단열 작용을 위해 진화했을 수도 있음을 암시하며 공룡이 온혈동물이었을 수도 있다는 추가 증거를 제공합니다.

깃털 공룡

최근 몇 년 동안 발견된 가장 흥미로운 공룡 화석은 중국 북동부 랴오닝성에서 발견된 화석입니다. 랴오닝성의 많은 화석은 얕은 호수에 쌓인 미립질의 화산재 덕분에 훌륭하게 보존되어 왔습니다. 그중 일부 화석에는 깃털을 포함한 작은 세부 사항이 담겨 있습니다. 일부 공룡은 단열을 위해 보송보송한 외피를 갖고 있었지만, 지금의 새처럼 중간에 깃이 달린 큰 깃털을 가지고 있기도 했습니다. 깃털이 있는 공룡은 대부분 꽤 작습니다. 미크로랍토르Microraptor라는 이름의 한 공룡은 닭보다 크지 않았으며 4개의 다리에 깃털이 잘 발달되어 있었습니다. 날 수 있었던 것처럼 보이지는 않고, 날개는 성적 과시용이었을 가능성이 더 높았습니다. 처음에는 단열을 위해 발달한 깃털이 과시용으로 발전했다가 활공으로 처음 사용된 후 결국 완전한 비행이 가능해졌을 것으로 보입니다.

정확히 언제, 어떤 방식으로 현대의 새가 진화했는지는 논란이 많은 주제입니다. 랴오닝성의 암석은 시조새가 발견된 독일의 암석보다 약 2,000만 년 젊습니다. 다윈이 『종의 기원』을 출간한 지 불과 1년 후에 발견된 시조새는 진정한 '멸실환'의 증거로 보였습니다. 시조새는 긴 깃털을 가지고 있었고 분명히 날 수 있었지만, 날개의 발톱, 뼈 있는 꼬리가 있었습니다. 그러나 시조새가 현대 조류의의 조상인지에 대해서는 여전히 논쟁이 되고 있습니다.

귀엽고 다정한 공룡

공룡은 알을 낳았습니다. 공룡이 서식지에 둥지를 틀고 알을 품고 있었다는 화석 증거가 발견되었습니다. 작은 크기의 알과 솜털의 증거는 새끼가 작고 귀엽고 보송보송했음을 뜻합니다. 부모에게 보호본능을 불러일으키는 특징입니다. 일부 공룡은 무리 동물이었으며, 그 이유가 새끼를 키우기 위한 것만이 아니었을 가능성이 높습니다. 공룡 무리는 혼자 사냥을 하는 개체보다 훨씬 효율적으로 먹이를 구할 수 있었기 때문입니다.

메리 애닝

메리 애닝Mary Anning(1799~1847)의 고향은 쥐라기 해양 파충류의 뼈를 수집하기에 이상적인 절벽이 자리한 영국 도싯의 라임레지스Lyme Regis였습니다. 그녀는 열두 살에 처음으로 정확하게 식별할 수 있는 최초의 어룡을 발견한 후 계속해서 플레시오사우루스와 하늘을 나는 익룡을 포함한 많은 종을 발견하고 분류했습니다. 화석 수집은 때로는 겨울에도 나가야 하고, 파도에 휩쓸려 내려가기 전에 화석을 찾기 위해 불과 얼마 전에 산사태가 일어난 장소를 탐색하는 등 위험한 작업이었습니다. 결국 1833년에 그녀는 산사태로 죽을 고비를 넘겼고 반려견을 잃었습니다. 하지만 여자라는 성별과 사회적 지위, 비국교도 신자라는 이유로 당대 신사 지질학자들 사이에서 인정받지 못했으며 런던 지질학회에 받아들여지지 않았습니다.

멸종

무엇이 지구상에서 공룡을 사라지게 했을까?

지금까지 알려진 모든 종의 99퍼센트는 멸종되었습니다. 아직 밝혀지지 않은 화석 종 추정치를 포함하면 그 비율은 99.9퍼센트로 높아집니다. 멸종은 서서히 일어나지 않습니다. 지질학적 기록을 보면 5개의 주요 멸종사건으로 지구상에 절반 이상의 종이 소멸했습니다. 그중 가장 유명한 것은 6,500만 년 전의 공룡시대를 끝낸 사건입니다.

첫 번째 단서

노벨물리학상 수상자 루이스 앨버레즈Luis Waltet Alvares는 1980년에 그의 아들인 지질학자 월터Walter Alvares와 함께 백악기 제3기 경계(K-T 경계) 시기의 멸종사건을 설명하기 위한 가설을 세웠습니다. 그들은 소행성 충돌로 인해 멸종이 발생했다고 주장했습니다. 두 과학자는 세계 전역의 여러 장소, 같은 깊이에 존재하는 연한 점토의 얇은 층을 증거로 들었습니다. 이 층에는 고농도의 이리듐이 포함되어 있었는데, 이

주요 멸종사건

6,500만 년 전 백악기와 공룡시대의 끝	**2억 5백만 년 전** 트라이아스기-쥐라기 경계, 약 55퍼센트의 해양 속과 대부분의 거대 양서류 멸종	**2억 5,100만 년 전** 페름기-트라이아스기 경계, 해양 종의 약 96퍼센트와 육지 종의 70퍼센트가 멸종

리튬은 지각에는 희귀하지만 소행성에는 풍부한 물질입니다. 특히 카리브해 근처의 층에는 석영과 텍타이트의 충돌 알갱이가 있었습니다. 이는 대기 중에서 녹은 암석이 응고된 작은 유리구슬입니다.

우주 충돌

과학자들은 멕시코 유카탄반도에 있는 칙술루브 충돌구를 충돌의 근원지로 추적했습니다. 계산에 따르면 충돌구는 지름이 6~7킬로미터인 소행성이 고속 탄환보다 낮은 각도에서 빠른 속도로 충돌하면서 형성되었습니다. 불행히도 공룡에게는 하늘이 불기둥으로 갈라진 것처럼 보였을 것입니다. 소행성은 충돌 직후 지구에 30킬로미터에 가까운 깊이의 구멍을 뚫었습니다. 그로 인해 충돌구에는 수만 세제곱킬로미터의 암석이 녹으면서 아마도 수십 만 년 동안 용암 호수가 형성되어 있었을 것입니다. 저에너지 분출물은 두꺼운 담요처럼 수천 킬로미터 떨어진 지역을 잔해로 뒤덮을만큼 충분한 힘으로 분출되었습니다. 그로 인해 수백 미터 높이의 지진해일이 뒤따랐습니다. 대부분 승화한 암석으로 이루어진 고에너지 분출물은 거의 달까지 닿을 정도로 대기 중에 구멍을 뚫었고, 지구가 다시 보호막을 완성하기 전에 오존층을 파괴하고 세계 전역에 화재를 일으켰습니다.

소행성은 육지뿐만 아니라 바다의 두꺼운 석회암과 경석고층에도 부딪혔습니다. 승화된 경석고는 광범위한 황산염 연무질 구름을 만들면서 황산 비로 내리기 전까지 몇 년 동안 햇빛을 차단하고 식물의 성장을 방해했을 것입니다. 한편 승화

3억 7,500만~
3억 6천만 년 전
데본기-석탄기 전환기, 연이은
멸종 사건으로 인해 전체 종의
70퍼센트 소멸

4억 5천만~
4억 4천만 년 전
오르비도스기-실루리아기 전
환기, 2번의 사건으로 57퍼센
트의 속 소멸

된 석회암은 대기 중으로 이산화탄소를 주입해서 몇 세기 동안 따뜻한 기후가 계속되었습니다.

대멸종이 발생해도 이상하지 않은 환경이었습니다. 하지만 거기서 끝이 아니었을 것입니다. 하나의 소행성에서 나왔을 작은 조각들이 여러 번의 충돌을 일으켰을 있습니다. 실제로 북해와 우크라이나에서 같은 연대의 더 작은 충돌구가 확인되었으며, 인도 서해안에 그보다 크지만 좀 더 논란이 있는 충돌구가 있습니다.

화산 폭발

소행성의 충돌만큼 치명적인 멸종 원인에 대한 다른 후보들도 있습니다. 더 설득력 있는 이론 중 하나는 거대한 화산의 연이은 폭발입니다. 6,500만 년 전 인도아대륙은 현재 레위니옹 화산섬의 위치에서 분출한 맨틀 상승류로 인해 이동하고 있었습니다. 솟아오른 마그마가 인도아대륙을 분리시키자 인도의 북쪽은 위로 올라가면서 아시아대륙과 충돌했고 나머지 부분은 코로모제도 근처의 바다 아래 남겨졌습니다. 인도의 절반은 현재 데칸용암대지를 구성하고 있는 지구에서 가장 큰 범람현무암 퇴적층으로 특징지을 수 있습니다. 이 현무암은 현재 두께가 2킬로미터 이상이며 50만 제곱킬로미터의 지역을 뒤덮고 있습니다. 분출에 동반되는 화산 먼지와 황산염 연무질은 햇빛을 반사하면서 지구의 기온을 엄청나게 떨어뜨렸을 것입니다. 또한 이산화탄소 방출로 인해 기온이 상승했을 것입니다. 그 결과 전반적으로 불안정하고 오락가락하는 기후가 형성되었습니다

시기의 문제

충돌 이론과 화산 이론을 비롯해 동식물 종의 75퍼센트와 속의 50퍼센트가 멸종에 이르게 하는 좋지 않은 결과를 불러온 기후변화나 해수면 하강과 관련된 여러 이론은 아직 논쟁의 여지가 있습니다. 그중에서 정확한 시기에 대한 논쟁이 가장 격렬합

니다. 충돌이 발생하기 이전에 이미 많은 종이 줄어들고 있었음은 분명해 보이며, 가장 대규모로 멸종이 일어난 시기보다 최대 30만 년 전에 충돌이 발생했을 가능성이 있지만, 그러한 비교적으로 짧은 시간 간격은 측정하기 어렵습니다. 화산 사건은 종이

대량절멸의 원인으로 생각되는 화산 폭발

줄어들기 시작했던 K-T 경계보다 200만 년 전에 시작되었습니다. 모든 이론이 옳을 가능성도 있습니다. 장기간의 압박과 단기간의 충격으로 생태계에서 멸종사건이 발생했을 수 있습니다.

가장 거대한 멸종

원인이 무엇이든 멸종사건은 여러 번 발생했고 K-T 대멸종이 가장 큰 사건은 아닙니다. 가장 큰 멸종사건이라는 명예 아닌 명예는 2억 5,140만 년 전 페름기 말에 발생했습니다. '대량절멸' 시대라는 이름을 얻은 이 시기에는 모든 해양 종의 96퍼센트와 육지 척추동물의 70퍼센트가 지구상에서 사라졌습니다. 이 시기에는 충돌에 대한 확실한 증거가 발견되지는 않았지만, 그만큼 오래된 해양지각이 없기 때문에 바다에서 충돌이 일어났다면 기록이 사라졌을 것입니다. 하지만 같은 시기에 가장 큰 것으로 알려진 범람현무암이 시베리아에서 발생했으며, 이때 용암이 200만 제곱킬로미터를 뒤덮었습니다.

전체적으로 지난 5억 년 동안 지구에는 적어도 종의 절반이 사라진 총 다섯 번의 주요 멸종사건이 있었고, 최소 열여섯 번의 작은 사건이 있었습니다. 그리고 모든 사건은 장기간의 압박과 갑작스런 충돌이라는 치명적인 결합으로 발생했을 것입니다.

포유류

포유류 진화의 가장 큰 반전은 인류의 출현?

지난 6,500만 년은 포유류의 시대였습니다. 처음에는 작고 털이 많은 온혈동물이었던 포유류는 지구에서 공룡이 사라지자마자 세상에 적응해서 다양하게 변화했습니다. 그러나 공룡처럼 포유류 역시 몸집이 커지면서 살아남는 데 성공했고, 기후변화를 차례로 겪었으며, 유인원은 환경에 적응하기 위해 도구를 사용하기 시작했습니다.

포유류를 닮은 파충류

진정한 포유류가 등장하기 훨씬 전에는 포유류를 닮은 파충류, 수궁류therapsid가 있었습니다. 수궁류는 공룡의 선조와 경쟁에서 거의 이길 뻔했음에 틀림없습니다. 페름기 말에 코뿔소만 한 크기의 일부 수궁류는 당시 지배적인 포식자였습니다. 모든 육지 척추동물의 70퍼센트가 사라진 페름기 말 멸종사건은 수궁류에게 크나큰 걸림돌이었습니다. 트라이아스기에 척추동물이 다시 모든 생태계에서 자리를 잡을 때까

포유류의 시대

2억 7천만 년 전	1억 2,500만 년 전	8,500만 년 전	5,000만 년 전
최초의 포유류를 닮은 파충류 등장	최초의 식별 가능한 단공류동물 유대목 포유류 등장	최초의 진정한 태반 포유류 등장 추정	급격한 다양화로 주요 현대 포유류과 탄생

지 3천만 년이 걸렸지만, 이때는 공룡이 최고의 자리에 올라 트라이아스기를 장악했습니다.

포유류를 닮은 파충류는 심지어 트라이아스기에도 그 적응력을 증명했습니다. 파충류는 뼈로 된 2차 구개가 있어서 먹이를 씹음으로써 더욱 효과적으로 소화할 수 있었으며 숨을 쉬면서 동시에 먹을 수 있었을 것입니다. 그중 하나인 견치류cynodonts는 털이 나 있고 온혈동물이었으며 수유할 수 있었을 것입니다. 일부 종은 굴을 팔 수 있었습니다. 한 굴에서 최대 20마리가 돌발 홍수 때문에 갇힌 채 발견되기도 했는데, 이를 통해 견치류가 사회적 동물이었다는 사실을 알 수 있습니다.

최초의 포유류

포유류는 아마도 견치류에서 발달했을 것입니다. 처음에 포유류는 뾰족뒤쥐처럼 몸집이 작고 야행성이었으며 곤충을 먹었습니다. 이러한 생존 방식으로 통해 포유류는 단열 효과가 있는 털과 훌륭한 후각을 진화시켰을 뿐만 아니라 배고픈 공룡의 눈을 피하는 데에도 도움이 되었을 것입니다. 정교한 후각이 발달하려면 뇌가 커야 했기 때문에 후각의 진화는 똑똑한 포유류가 등장하는 원동력이 되었을 것입니다. 하지만 당시 포유류는 대부분 몸길이가 50밀리미터를 넘지 않았기 때문에 중생대를 통틀어 남아 있는 화석이 드뭅니다.

현존하는 3가지 주요 동물 종은 1억 2,500만 년 전부터 분기했습니다. 오리너구리 같은 단공류동물monotrem은 젖꼭지 없이 피부의 한 부분에서 땀 분비물처럼 젖을

700만 년 전
인간과 침팬지의 마지막 공통
조상

350만 년 전
서늘한 기후가 인류 진화 촉진

180만 년 전
아프리카에서 호모에렉투스
등장

10만 년 전
호모사피엔스가 아프리카 밖
으로 이주

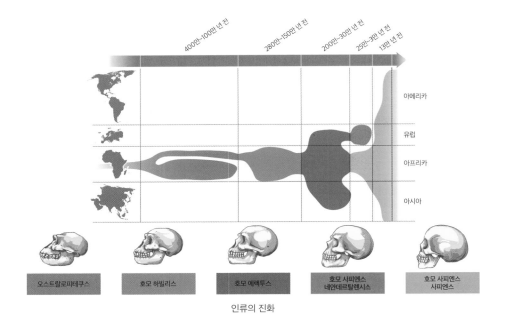

아메리카

유럽

아프리카

아시아

| 오스트랄로피테쿠스 | 호모 하빌리스 | 호모 에렉투스 | 호모 사피엔스 네안데르탈렌시스 | 호모 사피엔스 사피엔스 |

인류의 진화

생산하는 가장 원시적인 종입니다. 유대목은 아주 작은 새끼를 낳아 새끼가 젖을 먹는 동안 주머니 안에 넣어두는 반면, 인간을 비롯한 태반 포유류는 새끼가 그보다 훨씬 더 발달할 때까지 어미의 몸속에서 키우다가 새끼를 낳습니다.

적응

포유류의 주요 목은 대부분 이미 백악기부터 존재했을 것으로 보이며 현대의 과는 6,500만 년 전에 공룡이 사라진 후에야 등장했습니다. 포유류 종들이 모두 정확히 어떤 방식으로 연관되어 있는지에 대해서는 아직 논란이 있으며, 그 결과는 화석의 해부학적 구조를 볼지, 아니면 현존하는 종들 사이의 분자 유사성을 볼지에 따라서 달라집니다. 어느 쪽이든 모두 범위가 굉장히 넓으며, 일부 종 간의 연관성은 놀랍습니다. 예를 들어 물개는 고양이, 개와 연관성이 있는 반면, 고래와 돌고래는 돼지, 소와 가장 가깝고, 코끼리의 가장 가까운 친척은 듀공과 바다소입니다. 이러한 사실에서 알 수 있듯이 포유류의 핵심은 상상할 수 있는 모든 삶의 방식에 대한 다양화와 적응이었습니다. 포유류는 활공하고 기어오르며, 굴을 파고 갉아 먹고 풀을 뜯고 죽은 고기를 먹으며 다른 동물을 죽이기도 합니다.

최초의 인간

포유류 진화의 마지막 반전은 우리 인류의 출현이었습니다. 인간은 최고 단계의 적응을 통해 요구에 맞게 환경을 적응시키기 위해 도구와 기술을 사용할 수 있으며, 이는 생물학적 진화보다 훨씬 빠르게 변화를 불러왔습니다. 인류의 조상은 가장 희귀한 화석 중 하나지만, 열정적으로 찾은 덕분에 많은 후보들이 발견되었습니다. 그 결과 이족보행과 큰 뇌의 발달 같은 일부 특성의 점진적인 진화 과정은 이제 명확해졌습니다. 몇 백만 년 전으로 거슬러 올라가면 수많은 호미닌 종 중에서 우리의 진정한 조상이 있는지, 있다면 어떤 종인지는 아직 조금 분명하지 않습니다. 생명의 가계도는 사실 가지가 많은 덤불 형태이기 때문입니다.

호모사피엔스

포유류 종 가운데 하나인 호모사피엔스, 즉 우리 인간은 다른 어떤 종보다도 지구를 크게 변화시켰습니다. 완전한 현생인류는 아프리카로부터 퍼져 나와 세계를 지배한 이래로 10만 년이 조금 넘는 동안 존재했습니다. 그 전에 등장한 호모에렉투스 역시 뇌가 크고 이족보행을 하며 도구를 사용했습니다. 현생인류의 고대 선조는 약 100만 년 전에 아프리카를 떠난 뒤 유럽 북부에서 네안데르탈인을 탄생시켰습니다. 고대의 흔적을 보면 우리의 조상으로 추정되는 오스트랄로피테쿠스 아파렌시스는 360만 년 전에 직립보행했으며, 그보다 이전에도 아프리카에서 인류의 조상에 대한 후보가 여럿 있었습니다.

화석

DNA만 있으면 멸종한 종을
부활시킬 수 있을까?

화석은 단순히 돌로 변한 죽은 생명체가 아닙니다. 민감한 새로운 분석 기술을 이용해 이따금 화석에 남아 있는 생명체의 화학물질 일부를 확인할 수 있습니다. 이러한 분자화석은 진화와 그 연대에 대한 새로운 단서를 제공합니다. 동시에 오늘날의 종의 유전자에는 조상의 살아 있는 유산이 담겨 있습니다.

화석화

죽은 동식물은 대부분 다른 생명체에게 잡아먹힙니다. 커다란 청소동물scavenger과 미세한 박테리아, 곰팡이가 먹을 만큼 먹은 뒤에, 껍데기나 뼈처럼 광물화되지 않은 부분이 조금 남을 수 있습니다. 하지만 심지어 그것마저 침식되거나 용해되거나 먼지가 되어 날아갈 수 있습니다. 빠르게 땅에 묻혀서 초기의 파괴 과정을 거치지 않은 생명체라도, 퇴적암을 형성하는 일종의 속성작용diagenesis을 통해 다른 광물이 천천히 채워지고 다른 광물로 대체될 수 있습니다.

인간의 가장 최근 공동 조상

4억 6천만 년 전	3억 4천만 년 전	3억 1천만 년 전
상어	양서류	파충류, 공룡, 새

8,600만 년 전	7,500만 년 전	6,300만 년 전
개, 말, 고래	설치류, 토끼	여우원숭이

고대의 유전자

DNA는 연약한 분자이고 가수분해 과정에 의해 짧은 조각으로 빠르게 분해됩니다. 하지만 조각들이 껍데기나 뼈, 이빨 또는 호박 같은 불침투성 물질에 보존될 수 있습니다. 단백질 부패와 마찬가지로 분해 속도는 온도에 따라 달라지기 때문에, 예를 들어 시베리아 영구동토에 보존된 메머드의 유골은 사하라사막에서 발견된 같은 연대의 뼈보다 유용한 DNA를 함유하고 있을 가능성이 더 높습니다.

현대의 기술, 특히 중합효소연쇄반응(PCR)은 하나의 DNA 조각에서 수천 개의 복제물을 만들어 염기서열을 분석할 수 있는 방법입니다. 하지만 민감도가 높아 오염에 매우 취약하게 만듭니다. 미토콘드리아 DNA는 각 세포가 세포질 내의 작은 고리에 많은 복제물을 함유하고 있기 때문에 분리하기 가장 쉽고 핵 DNA는 더 단단합니다. 그럼에도 미토콘드리아 DNA와 핵 DNA를 모두 포함하고 있는 충분한 메머드 DNA는 현대 코끼리와의 연관성을 조사하기에 충분했습니다. 그 결과 이상하게도 모계로만 전해지는 미토콘드리아 DNA는 아시아코끼리와 밀접한 관련이 있는 반면, 핵 DNA는 아프리카코끼리와 더 밀접한 연관성이 있었습니다.

죽은 동물 되살리기

완전한 유전체를 복원할 만큼 충분한 DNA를 찾을 수 있다면, 이론적으로 멸종한 종을 부활시키는 것이 가능할 것입니다. 하지만 현실적으로는 쉽지 않습니다. 일본 연구진은 실험실에서 16년 동안 냉동 보관해 두었던 죽은 쥐에서 추출한 세포를 사용

1억 8천만 년 전
오리너구리

1억 4천만 년 전
유대류

1억 5백만 년 전
코끼리

4,000만 년 전
신세계원숭이

1,800만 년 전
긴팔원숭이

1,400만 년 전
오랑우탄

700만 년 전
침팬지와 보노보

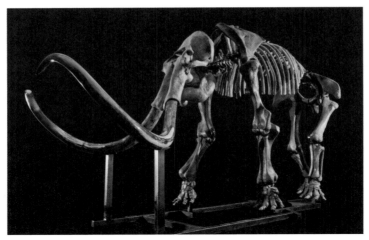

메머드 유골

해 1천 번 이상 시도한 끝에 7마리의 생존 가능한 쥐를 복제할 수 있었습니다. 박물관의 비교적 높은 온도에서 보관된 더 오래된 표본은 복제하기가 더 어려울 것입니다. 하지만 과학자들은 도도새와 콰가얼룩말, 태즈메이니아주머니늑대 또는 유대목늑대 같은 박물관의 멸종 동물 표본에서 DNA를 분리하는 데 성공했습니다. 냉동 쥐를 복제했던 연구진은 5년 안에 냉동 DNA로 살아 있는 메머드를 부활시킬 수 있을지도 모른다고 주장했습니다. 그렇게 하려면 코끼리 세포의 DNA를 메머드 DNA로 대체하고 코끼리 난세포에 삽입한 후 그 세포를 살아 있는 코끼리 자궁에 이식해야 합니다.

살아 있는 화석

화석 DNA는 희귀하지만 모든 식물과 동물은 그 조상의 살아 있는 분자화석을 가지고 있습니다. 살아 있는 생명체의 진화 관계를 의심하는 사람이라면 누구든 서로 다른 종의 유전자들 사이의 유사성만 보면 됩니다. 생명을 위해 필수적인 역할을 수행하는 기능 유전자는 광범위한 종에 걸쳐서 보존됩니다. 예를 들어 인간은 침팬지와 공통의 유전자를 가지고 있을 뿐만 아니라 초파리, 심지어 효모균과도 몇 가지 유전자를 공유합니다. 게다가 우리 유전자의 약 50퍼센트는 바나나의 유전자와 동일합니다.

분자시계

한 종의 유전체에는 분명한 목적이 없는 정크 DNA라고 불리는 긴 염기서열이 포함되어 있습니다. 따라서 이 영역의 돌연변이는 다음 세대로 전달되고, 분자시계(DNA나 단백질 등의 분자 속에 있는 특정 부분이 생물이 진화하는 동안 계속해서 변화하는 것)의 움직임에 따라 점진적으로 쌓여서 두 종이 얼마나 오래 전에 분기했는지 추정할 수 있게 해줍니다. 화석 증거로 보정하지 않는 한 절대 연대를 알아낼 수는 없지만, 오랑우탄이 인간과 침팬지에 비해 2배 더 오래 전에 분기했다는 사실을 알 수 있습니다. 여기에 추정 연대를 활용하면 침팬지와 인간 사이 가장 최근의 공통 조상은 약 7백만 년 전에 살았습니다. 분자시계에 따른 진화적 관계도는 해부학적 구조에서 추론한 진화적 관계와 대체로 일치하지만, 열띤 논쟁을 불러일으키기에는 충분한 차이점이 있습니다.

영화는 영화일 뿐

여느 공상과학 영화에서처럼 영화 〈쥬라기 공원〉은 그럴듯한 과학 이론을 믿기 어려운 한계까지 끌어올립니다. 영화는 공룡의 피를 먹은 흡혈곤충이 뱃속에 공룡의 DNA를 보존한 채 호박 안에 갇혀 있었고, 그 DNA를 이용해 완전한 유전체를 재현하고 공룡을 복제할 수 있다고 주장합니다. 실제로는 호박 화석에서 공룡의 DNA는커녕 곤충 DNA을 추출하는 것도 불가능했습니다. DNA가 있다고 해도 아주 작은 조각으로 분해되었기 때문에 정교한 슈퍼컴퓨터가 있더라도 화학물질로 이루어진 퍼즐 조각을 재구성하는 것은 불가능할 것입니다. 그러니 다행히도 티라노사우루스 렉스는 영원히 멸종했습니다.

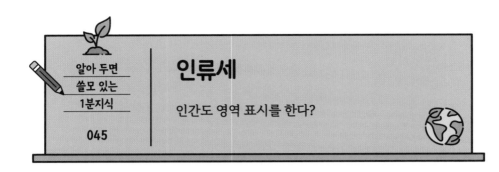

인류세

인간도 영역 표시를 한다?

마지막 빙하기가 11,700년 전에 끝난 후로 우리는 비교적 안정된 기후와 지질학자들이 홀로세Holocene Epoch라고 부르는 시대를 누리고 있습니다. 안정된 기후는 농업과 도시, 국제무역을 가능하게 했습니다. 하지만 일부 지질학자들은 인간의 활동이 지구를 돌이킬 수 없게 바꿔놓으며 인류세Anthropocene라는 새로운 지질시대로 들어섰다고 믿고 있습니다.

인류세라는 용어는 생태학자 유진 스토머Eugene F. Stoermer가 만들었고, 2000년 노벨화학상을 수상한 화학자 파울 크뤼천Paul Crutzen이 대중화했습니다. 그는 인류가 세계를 너무 많이 변화시켰기 때문에 지질 기록에 새로운 시대를 구성하는 분명한 분기를 일으켰다고 주장했습니다.

새로운 시대로의 진입

지질학적 기록에서 과거의 세는 주로 약 1천만 년 동안 지속되어 왔기 때문에 1만 년

지질학적 시간 속의 인간

260만 년 전	기원전 7000년	기원후 1세기
동아프리카에 최초로 석기(올도완) 확산	삼림 파괴 확산, 최초의 도시	제련으로 인해 퇴적물코어에 납 성분 증가

이 약간 지난 홀로세는 그에 비해 매우 짧았습니다. 일부 과학자들은 홀로세를 인류세로 개명해야 한다고 주장했습니다. 인류세는 농사를 짓기 위해 처음으로 벌채했던 신석기시대 농업의 발달에 꽤 적절하게 들어맞을 것입니다. 그러나 그것만으로는 자연계를 크게 바꾸지는 못했을 것입니다.

지질학자들은 인류세의 시작을 표시하기 위한 '골든 스파이크golden spike'를 찾고 있습니다. 골든 스파이크란 세계 어느 곳에서나 어떤 종류의 암석에서나 나타날 수 있는 뚜렷한 표식입니다. 한 가지 가능한 표식은 약 2천 년 전 로마인들이 대규모 납 채굴과 제련을 시작했을 때 나타나며, 그 흔적이 그린란드의 빙하코어까지 뻗어나갔습니다. 또 다른 표식은 산업시대의 시작으로 추정되는 약 1,800년경에 등장합니다. 석탄 연소를 통해 방출된 수은으로 인한 퇴적물코어와 빙하코어의 수은 수치 증가가 산업시대를 반영합니다. 산업시대는 대기 중 이산화탄소 수치 증가의 시작과 함께 급격한 인구 증가를 동반합니다.

또 다른 과학자들은 제2차 세계대전이 끝난 1945년을 인류세의 시작으로 보아야 한다고 주장합니다. 1945년 역시 인구 증가와 도시화가 한 단계 발전한 시기입니다. 또한 핵시대의 시작을 나타내기 때문에 미래에 수백만 년 동안의 퇴적층에서 쉽게 알아볼 수 있는 지질학적 지평선입니다. 히로시마와 나가사키에서 폭발한 핵폭탄과 뒤를 이른 대기 핵실험은 전 세계적으로 그 시대의 진흙층에 묻혀 있는 방사성 동위원소에 흔적을 남길 것입니다.

1800년
대기 중 이산화탄소 수치 증가

20세기
자동차 배기가스로 인해 퇴적물의 납 수치가 2번째 최고치 기록

1945년
세계 전역의 퇴적물코어와 빙하코어에서 핵폭탄으로 인한 최초의 방사성 동위원소 발견

1970년대
퇴적물에서 플라스틱 조각이 흔하게 발견되기 시작

변화의 정도

마지막 지질시대의 시작인 제4기는 일련의 빙하기 시작으로 나타납니다. 현재인 신생대의 시작은 공룡의 멸종과 급격한 기후변화 사건으로 거슬러 올라갑니다. 그렇다면 인류가 불러온 변화는 미래의 지질학적 기록에서 뚜렷하게 눈에 띄는 어떤 흔적을 남길 수 있을까요?

대멸종의 시대

제임스 허튼이 주장한 지질학적 시간의 느리지만 끈질긴 변화와 비교할 때 지난 70년은 놀라운 수준입니다. '거대한 가속'이라 불리는 이 시기 동안 세계 인구는 2배 이상으로 늘었고, 이산화탄소 배출량은 6배로 증가했습니다. 많은 빙하가 후퇴하는 동안 평균 기온과 해수면이 상승했습니다. 해조류의 생물량은 40퍼센트 감소했습니다. 일부 자연 서식지는 90퍼센트까지 줄어들었으며, 종의 멸종 속도는 백악기 말과 비슷하게 자연멸종률보다 100~1,000배 빨라졌습니다. 지질학적 맥락에서 볼 때 초기 인류세는 역대 최고 수준의 멸종사건으로 표현될 것입니다.

인간의 유해

인간의 기술이 정상적인 지질학적 과정을 중단시킬 정도로 지구를 장악하지 않는다고 가정한다면, 우리 문명은 1억 년 후 암석에 어떤 단서를 남길까요? 기후변화와 멸종, 생물 다양성 감소의 증거와 더불어, 원자력 산업이 남긴 명백한 동위원소의 증거가 남을 것입니다. 하지만 우리의 기념물과 도시, 집은 어떨까요?

대부분의 지질 퇴적물은 물속에 쌓이지만 우리는 삶의 대부분을 육지에서 살고 있습니다. 해양 퇴적물에는 이따금 바다에 떨어진 유리병이나 난파선 몇 척이 포함되어 있을 것입니다. 그러나 육지에서는 가차없는 침식의 힘으로 퇴적물이 손상될 것입니다. 모든 벽돌과 콘크리트는 결국 조금 특이한 모래일지라도, 모래와 자갈로 줄어들 것입니다. 그러나 현재 퇴적 중인 거의 모든 모래에는 모래 크기로 갈린 특이한 입자 조각, 즉 플라스틱을 함유하고 있습니다.

일부 화석 도시는 살아남을 것입니다. 뉴올리언스와 암스테르담, 베네치아, 다카 같은 도시들은 하성 삼각주가 두꺼운 퇴적

인류세 기점의 하나로 제안된 1945년, 제2차 세계대전 당시 나가사키에서 원자폭탄이 폭발하는 모습

물을 쌓으면서 땅이 가라앉은 지역에, 해수면과 같은 높이 또는 심지어 그보다 낮은 지역에 건설되었습니다. 침하되지 않더라도 해수면이 상승하면 결국 저지대의 도시나 마을은 물속에 가라앉아 진흙 속에 묻힌 채 미래의 지질학자들을 위해 보존될 것입니다.

1억 년 후

땅 위에 노출된 채로 남아 있는 버려진 도시들은 결국 침식되어 퇴적물 입자로 암석 순환에 들어갈 것입니다. 하지만 땅 속에 남겨진 토대나 수면 아래 남겨진 도시는 묻히고 화석이 될 수 있습니다. 1억 년 후에는 무엇이 남을까요? 철은 녹슬고 목재는 썩거나 탄화될 것입니다. 벽돌은 무너져 재로 변할 수 있고 콘크리트는 무너지기 시작할 것입니다. 만약 잔해가 충분히 깊이 묻힌다면 열과 압력으로 인해 변형될 것입니다. 플라스틱이 석유로 되돌아갈 수도 있습니다. 벽돌은 변성편암과 같은 형태로, 콘크리트는 대리석으로 변할 수 있습니다. 결국 모든 물질은 녹아 화강암이 되어 인간의 손이 닿았던 흔적을 모두 잃을 수 있습니다.

5장

지구의 미래

미래의 자원

지구에서 새로운 자원을 찾을 수 있을까?

지구에는 70억 명 이상이 살고 있습니다. 모든 사람이 평균적인 미국인과 같은 생활 양식을 지속적으로 이어나가려면 지구와 같은 행성 5, 6개가 필요할 것으로 추정됩니다. 그렇다면 인류가 한정된 자원 내에서 편안하고 지속가능하게 살아가기 위해서는 어떻게 해야 할까요?

햇빛을 제외하면 우리가 의지하는 모든 물질은 지구에서 옵니다. 우리가 먹는 음식에서부터 입는 옷, 집을 지을 때 사용하는 물질, 운송수단을 움직이기 위한 에너지 역시 모두 땅에서 나옵니다. 우리는 기발한 종족이며 앞으로도 의심할 여지없이 새로운 기술을 통해 우리 행성에서 더 많은 자원을 추출하고 우리에게 필요한 대부분을 만들어낼 것입니다. 하지만 지금 우리는 석유 생산뿐 아니라 모든 물질 생산의 정점에 있는 최고의 시간을 살아가고 있음이 분명해보입니다.

자원의 고갈 시기(2013년 기준)

13년	30년	40년	59년
인듐(액정 화면에 사용)	안티모니	발견된 모든 석유 매장량	우라늄

희토류 원소에 대한 수요 급증

전자산업에서 새로운 기술이 등장하면서 상대적으로 부족한 원소에 대한 새로운 수요가 생겼습니다. 예를 들어 휴대전화 액정 화면에는 인듐을 사용하고, 새로운 태양전지 일부에는 갈륨을 사용합니다. 풍력발전용 터빈과 전기차 모터에 사용하는 고성능 자

정제된 희토류 산화물(가운데부터 시계 방향으로 프라세오디뮴, 세륨, 란타넘, 네오디뮴, 사마륨, 가돌리늄)

석에는 네오디뮴을 사용합니다. 탄탈럼은 휴대전화에 사용하고 전구의 형광 코팅에는 테르븀을 사용합니다.

이러한 희토류 원소Rare earth element는 대부분 정말 희귀하고 추출하기 어렵습니다. 그중 상당수는 중국에서 채굴하며, 중국 자체 산업이 발달할수록 수출할 수 있는 양이 줄어듭니다. 영국지질조사국은 희소성과 지질학적 범위, 채굴되는 국가의 정치적 안정성에 따라 원소에 점수를 매긴 고갈 위험 목록을 발표했습니다. 목록의 맨 위에는 안티모니와 백금, 수은, 텅스텐을 비롯해 수많은 희토류 원소가 있습니다.

새로운 특정 기술이 널리 보급되면 특정 원소에 대한 수요가 갑자기 공급량을 앞지를 것입니다. 예를 들어 전기차가 더 대중화되면 전기차의 배터리를 만드는 데 필요한 리튬과 모터의 자석을 만드는 데 필요한 네오디뮴의 수요가 늘어납니다. 현재

61년	67년	116년	120년
구리	천연가스(수화물 제외)	탄탈럼(휴대전화 같은 전자제품에 사용)	석탄

토요타가 생산하는 전기차 프리우스 1대에는 거의 1킬로그램의 네오디뮴이 들어갑니다. 또한 연료전지 차가 대량생산되면 백금이 갑자기 많이 필요해질 것입니다. 세상의 모든 운송수단이 연료전지를 사용한다면 백금 매장량은 15년 안에 바닥을 보일 수 있습니다. 현재로서는 자동차 배기가스용 촉매 변환기에는 백금이 많이 들어갑니다. 백금은 대부분 길가의 먼지로 사라지는데 일부 먼지에는 1.5피피엠의 백금이 들어 있어 채굴이 가능한 수준에 이르고 있습니다.

천연자원 고갈

현재 소비량을 유지한다면 지금까지 발견된 석유 매장량은 약 40년 후에 모두 고갈될 것입니다. 새로운 매장지가 발견될 가능성도 있지만, 앞으로 점점 더 채굴이 어려워지고 비용이 더 많이 들 것입니다. 석유 가격이 상승하면 더 많은 매장지가 경제적으로 채굴할 가치를 지니게 됩니다. 그렇다 해도 우리는 다음 세기에 석유가 없는 세상을 맞이하게 될 것입니다.

천연가스 매장량도 역시 이번 세기에 모두 소진될 것입니다. 그러나 해저의 메탄 하이드레이트를 채굴할 수 있는 안전하고 경제적인 방법을 찾는다면, 앞으로 100년 동안 사용할 가스를 얻을 수 있습니다. 또한 석탄 매장량은 현재 채굴 속도로 볼 때 120년 동안 사용할 수 있을 것입니다.

핵연료

현재 원자력발전소의 주요 연료는 우라늄인데, 지금 우라늄 광산에는 앞으로 60년 정도 사용할 수 있는 매장량이 있습니다. 앞에서 언급했듯이 더 많은 퇴적물이 발견될 수 있지만, 이미 일부 분석가들은 더 풍부하고 방사성 폐기물을 덜 배출해서 편리한 토륨으로 가동할 수 있는 발전소를 개발해야 한다고 주장하고 있습니다. 궁극적으로 원자력발전소는 태양 동력을 공급하는 것과 같은 방식인 핵융합을 이용해야 할 수 있습니다. 적합한 연료 원소는 미량으로 존재하기는 하지만 바닷물에서 추출할 수 있습니다. 이에 아폴로 17호의 우주비행사 해리슨 슈미트Harrison Schmitt는 먼 지투성이 달 표면에서 채굴한 헬륨-3을 연료로 사용하는 핵융합을 주장하기도 했습니다.

바다 채굴

재래식 광산이 고갈됨에 따라 새로운 채굴 기술을 개발해야 합니다. 심해저의 방대한 지역에는 망간, 코발트와 같은 특정 원소가 풍부한 결절이 가득하기 때문에 과학자들은 이미 긴 수중 흡입관을 이용해 해저를 채굴하기 위한 계획을 세우고 있습니다. 바닷물은 농도가 매우 묽기는 하지만 귀중한 광물을 함유하고 있습니다. 문제는 바닷물에서 광물을 추출하는 방법입니다. 바닷물에 있는 단 3퍼센트의 리튬만으로도 지구상의 모든 가족이 전기차를 사용하는 데 충분한 양을 공급할 수 있습니다.

우주 채굴

우주에 도달하는 기술은 에너지 측면에서 매우 비싸지만 적어도 돌아오는 길에는 중력의 힘을 활용할 수 있습니다. 적절한 크기의 작은 소행성을 잡아 지구로 끌고 돌아올 수 있다면, 게다가 충돌로 승화시키지 않고 지구에 도달할 수만 있다면, 우리는 소행성에 있는 모든 백금과 중금속을 1세기 동안 사용할 수 있을 것입니다. 소행성 채굴이 가능할 때쯤이면 인류는 그러한 원소를 우주에 둔 채 새로운 우주선과 서식지를 건설할 수도 있습니다. 미래에는 달에서 채굴한 헬륨-3이나 태양풍에서 퍼낸 깨끗한 수소를 통해 에너지를 얻을 수도 있습니다.

미래의 기후

기후변화를 막지 못한다면 어떻게 될까?

기후변화는 우리 시대의 화두입니다. 일부는 과학자들이 개발한 기후모형의 최악의 예측을 믿고 있으며, 일부는 여전히 회의적입니다. 그러나 과거와 미래의 기후 모두에 대한 지질학적 관점에서 보면 변화는 불가피합니다. 문제는 그 변화가 얼마나 많이, 얼마나 빠르게 일어날지 그리고 우리가 대처할 방법이 있는지에 달려 있습니다.

지질 기록(136쪽 〈기후변화〉 참고)을 훑어보면 과거 오랜 기간 동안 지구의 기후는 매우 다양한 안정 상태로 유지되었다는 사실을 알 수 있습니다. 과거에는 현재 우리가 경험하는 것보다 평균 기온이 섭씨 7~8도 낮은 빙하기가 있었고, 중생대처럼 평균 기온이 섭씨 10~15도 높은 따뜻한 기후가 지속되기도 했습니다. 과거의 온도차는 태양의 변화와 지구궤도의 변이, 대기 중 온실가스의 증가 또는 감소 같은 복합적인 요인들로 발생했습니다. 하지만 지금처럼 1세기 만에 행성의 화석연료 대부분이 연기처럼 사라진 적은 없었습니다.

미래의 기후

현재	2012년	2100년	2200년
과거 1만 년 동안 정상 기온	기온 상승 시작(섭씨 0.8도 상승)	산업화 이전에 비해 이산화탄소 수치 2배 증가, 기온 섭씨 3도 상승, 해수면 0.5미터 상승	남극대륙 서부 붕괴 시작, 해수면 3미터 상승

쌓이는 증거

대기 중 이산화탄소 수치가 증가
하고 있다는 증거에는 논란의 여
지가 없습니다. 온실효과에 대한
물리적 원리 역시 비교적 잘 정
립되어 있습니다. 그러나 그 결
과 지구 평균 기온이 정확히 얼마
나 변화할 것인지는 증명하기 어

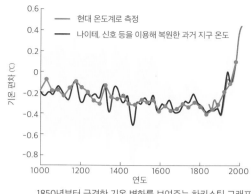

1850년부터 급격한 기온 변화를 보여주는 하키스틱 그래프

렵습니다. 지금까지의 기온 변화는 지난 50년 동안 평균 기온이 급상승한, 악명 높은
'하키스틱hockey stick' 그래프로 나타낼 수 있습니다. 이 그래프는 2001년 유엔 기후변
화 정부 간 협의체Intergovernmental Panel on Climate Change, IPCC의 3차 보고서에 실린 것
으로, 1천 년 전부터 시작합니다. 약 1850년 이전에는 온도계가 아닌 기술에 의존해
야 했기 때문에 일부 전문가들은 이 그래프의 정확성에 이의를 제기하고 있지만, 거
의 모든 기후 과학자들이 지구온난화에 동의하고 있습니다.

기후모형과 추정

미래의 온난화 과정을 추정하는 것은 복잡합니다. 며칠 앞서 날씨를 예보하는 작업
에도 슈퍼컴퓨터가 필요하기 때문에 남은 이번 세기와 다음 세기를 예측하기 위해서
는 어려움이 따를 수밖에 없습니다. 여러 작은 변수를 적용할 수 있는 컴퓨터를 이용

2500년
기온 섭씨 8도로 정점

5000년
그린란드 만년설의 나머지 부
분 해빙, 해수면 12미터 상승

10000년
남극대륙 동부 해빙, 해수면
70미터 상승

55000년
온실효과 증가로 인해 잠재적
빙하기 방지

해 점차 지구의 기후시스템에 대한 상세한 모형을 실행하고 있습니다. 정확한 결과는 서로 다양하지만 거의 모든 경우에 온난화가 계속되어 이번 세기 말까지 기온이 섭씨 2~4도 상승합니다.

모형에서 불확실한 것 중 하나는 양성 되먹임의 범위입니다. 즉 작은 기온 상승이 무언가를 촉발해 더 심각한 기온 상승을 일으키는 범위를 뜻합니다. 이러한 과정에는 해양순환 교란과 가스 하이드레이트 또는 북극 툰드라의 탄소에서 메탄을 배출하는 것이 포함됩니다. 메탄은 이산화탄소보다 25배 강한 온실가스입니다. 최근 추정에 따르면 북부 영구동토대는 예상보다 빠르게 녹고 있으며, 세계적인 삼림파괴가 기후에 끼치는 영향을 2배 증가시킬 정도로 충분한 양의 메탄을 배출할 수 있습니다.

현실 감추기

몇몇 과학자들과 그들의 많은 지지자들은 기후변화에 관한 정부 간 협의체에서 주장하는 것만큼 상황이 나쁘지는 않다고 주장합니다. 그들은 지질학적 기록에서 이산화탄소가 크게 증가한 시기가 지구의 기온 상승 시기보다 뒤처지는 듯 보인다고 지적합니다. 하지만 이 현상은 기온 상승으로 인해 대기 중 탄소가 증가하는 양성 되먹임 때문일 수 있습니다. 또한 인간이 만들어낸 먼지 같은 입자(오염 물질)가 태양으로부터 오는 빛들을 가리고 반사시켜 지구의 온도를 낮추는 현상인 지구흐리기가 온난화의 실제 범위를 가리고 있을 수 있습니다.

조수 증가

기후변화는 바다에도 영향을 미칠 것입니다. 수면이 따뜻해지면 물이 가라앉지 않아 해양순환의 컨베이어벨트를 완성할 수 없게 됩니다. 해양순환은 영국에서처럼 해양성 기후를 온화하게 유지하는 역할도 합니다. 순환 해류는 해양생물과 어업에 필수적인 영양분을 운반하기도 합니다. 증가한 이산화탄소는 바다의 상층에서 녹아 물을 산성으로 만들어 산호와 조개껍데기를 녹이고 해양생물을 더 해칠 것입니다. 그리고 마침내 극지방의 만년설이 녹아 차가운 물이 따뜻해지고 팽창하면서 해수면이 상승하기 시작할 것입니다. 불과 몇 센티미터만 상승해도 폭풍 해일을 맞을 저지대에는 불행한 소식이 될 수 있고, 1미터가 상승하면 일부 섬나라와 해안 도시, 심지어 나라 전체(예를 들면 방글라데시)에 치명적인 홍수가 발생해 극단적인 위험에 처할 수 있습니다. 만약 극지방 만년설이 모두 녹으면 해수면은 70미터 상승할 것입니다.

2100년 이후

한 세기 또는 천 년 후 기후를 위해 무엇을 준비해야 할까요? 대부분의 기후모형은 최대 2100년까지 예측하고 있지만, 문제는 거기서 끝나지 않을 것입니다. 기후모형의 한 시나리오에 따르면 이산화탄소 수치는 2050년까지 증가합니다. 이때 기온은 섭씨 2~4도 상승할 것이며, 이는 몇 세기 동안 지속될 것입니다. 그러나 석탄 매장량이 모두 연소될 때까지 이대로 유지하는 최악의 시나리오에 따르면, 다음 세기에 기온이 섭씨 6~10도 상승할 것이고 수천 년 동안 지속되어온 극지방의 완전한 해빙으로 이어질 것입니다.

기술로 지구를 되살릴 수 있을까?

아직까지는 국가나 개인이 탄소 배출을 극적으로 감소시키기 위해 필요한 희생을 준비하고 있지 않은 것 같습니다. 위험을 기술로 보상할 수 있을까요? 바다를 비옥하게 만들어 플랑크톤이 이산화탄소를 소모할 수 있게 하는 초기 실험은 좋은 성과를 보였지만, 곧 다시 대기 중으로 이산화탄소가 배출되었습니다. 발전소 굴뚝에서 이산화탄소를 추출해 폐기된 석유정으로 내려 보내는 작업은 기술적으로 가능하지만 경제적으로는 매력적이지 않습니다. 도시에 관으로 이루어진 콘크리트 숲을 만들어 화학적으로 이산화탄소를 흡수하거나, 석회암을 석회로 변환한 후 바다에 뿌리는 방법도 제안되었습니다. 이 과정에서 석회를 만들 때 배출되는 이산화탄소의 2배를 흡수할 수 있습니다. 하지만 이러한 모든 지구공학 기술은 비용이 많이 들어갈 뿐만 아니라 배출량을 통제하기 위한 일시적인 대체 역할을 할 뿐입니다.

미래의 인류

인류는 어디까지 진화할 수 있을까?

5억 년 동안 지구상의 동식물은 미세한 생명체부터 거대 생명체까지, 아름다운 생명체부터 기이한 생명체에 이르기까지, 놀라운 생명체의 진화를 목격했습니다. 환경에 가장 적합하고 변화에 적응할 수 있는 생명체는 살아 남아 진화했습니다. 이 과정은 여전히 이어지고 있을까요? 우리 인간은 여전히 진화하고 있을까요?

진화는 유전체에 시간을 더한 결과물이라고 합니다. 하지만 찰스 다윈이 인식했듯이 진화에는 자연선택의 과정 역시 필요합니다. 자연선택은 적자생존 또는 더 정확하게는 적자의 번식으로 표현할 수 있습니다. 진화는 번식 성공에 영향을 주는 유전적 변이가 있는 한 계속해서 발생합니다.

외부요인이 안정적일 때 진화는 상대적으로 온화한 군비 경쟁으로 이어집니다. 온화한 군비 경쟁은 우세한 수컷이 다른 수컷의 번식을 막는, 번식을 위한 종의 내부 경쟁으로 나타날 수 있습니다. 또는 먹히지 않도록 충분히 눈에 띄지 않거나 거대해지거나 빨라지는, 포식자에 대한 경쟁일 수도 있습니다. 또는 질병으로 인해 병을 이

완전한 허구의 미래 시나리오

2030년
일부 유전 질환에 대한 유전자 치료를 일상적으로 활용

2048년
모리셔스에 다시 들여온 복제 도도새

2050년
인간을 위한 생식세포계열 유전자치료 승인

2056년
맞춤아기를 위한 성형 유전자 조작을 제공하는 최초의 회사 설립

거낼 수 있는 충분한 저항성이 발달하거나 적어도 감염 때문에 죽지 않는 정도로 진화할 수도 있습니다.

변화에 적응하지 못한 생명체

그러고 나서 외부요인에 변화를 주는 무언가가 나타납니다. 갑작스런 기후변화나 소행성 충돌, 주요 화산 폭발의 결과가 그 원인일 수 있습니다. 능력이 부족한 생명체는 변화가 너무 빠르면 적응을 위해 진화할 수 없어 멸종에 이릅니다. 6,500만 년 전에 그런 일이 일어났고 공룡이 멸종했습니다. 같은 일이 다시 일어날 수도 있습니다. 그러나 오늘날 발생하는 멸종의 대부분은 인간의 사냥과 서식지 파괴, 고립된 환경에서 인간이 도입한 포식자 때문입니다.

이미 지구는 플라이스토세의 많은 거대동물들을 잃었습니다. 매머드와 거대한 말코손바닥사슴, 마카이로두스아과, 공조를 비롯한 많은 종이 멸종했습니다. 대왕판다, 호랑이, 코끼리, 코뿔소와 몇몇 고래와 같은 종들은 멸종 위기 상태입니다. 모든 거대동물들은 번식 속도가 느리고 수명이 길어서 진화가 더디고 변화에 취약합니다. 아마도 거대동물 중 일부는 인간이 개입하지 않았다면 멸종되었을 것입니다. 현재로서는 몇몇 종들은 포획 사육 프로그램을 통해서만 생존을 유지하고 있습니다.

종 보호

유전학과 복제 연구의 발전 덕분에 살아 있는 동물뿐만 아니라 언젠가 다시 자라날

2112년
출혈성 인플루엔자로 총 인구의 40퍼센트 사망

2113년
전 세계 쥐의 수가 인간 수의 2배 달성

2417년
고급 화학 정보를 처리할 수 있는 개미집단 발견

3642년
거대 회색 다람쥐가 석기를 사용한 첫 번째 증거

노르웨이 스빌바르 국제 종자 보관소

수 있는 냉동 세포로 종을 보존할 수 있는 가능성이 높아지고 있습니다. 아마도 최근 멸종된 생명체 역시 같은 방식으로 부활시킬 수 있을 것입니다. 이미 수천 종 이상의 많은 식물들이 종자은행에 보관되고 있으며, 과학자들은 영원히 사라지기 전에 식물의 유전적 다양성을 발견하고 보존하기 위해 노력하고 있습니다. 하지만 세포로 가득한 냉동고로, 숲과 산호초 파괴를 완전히 보상할 수는 없을 것입니다. 현재의 멸종률이 유지된다면 현 시대는 백악기 말기와 페름기 말기의 대멸종과 비교될 것입니다.

인류 진화

인류의 진화는 어떨까요? 우리 종은 7백만 년 전에 침팬지의 조상에서 갈라져 나온 이후로 먼 길을 걸어왔습니다. 하지만 유전적 변화는 상대적으로 적었습니다. 가장 큰 차이는 사회적 진화를 통해 이루어졌으며 큰 뇌의 발달과 관련이 있습니다. 좀 더 의미 있는 유전적 변화는 잃어버린 능력과 관련이 있는데, 예를 들면 인간은 두꺼운 체모를 잃었고 요리의 발달 덕분에 날음식을 소화하는 능력을 잃었습니다. 얻은 것도 있습니다. 적도지역에서 우리는 털이 없는 몸이 햇볕에 타는 것으로부터 보호하기 위해 피부색소를 발달시켰습니다(반대로 고위도지방에서는 비타민 D를 충분히 만들기 위해 색소를 버려야 했습니다). 우리는 언어에 필수적인 것으로 보이는 FOXP2 유전자를 얻었습니다. 그리고 질병과의 싸움에서 계속 진화해왔습니다. 아프리카 사람들은 일반적인 형태의 말라리아로부터 보호하는 더피항원Duffy antigen이라는 혈액인자 유전자를 갖고 있습니다. 그리고 유럽의 신석기시대 농부들의 후손은 보통 젖을 뗀 후 비활성

화되는 유전자와 함께 우유를 소화하는 능력을 얻었습니다.

미래의 인류 진화

앞으로 인류의 진화가 어느 정도까지 이어질지 가늠하기란 쉽지 않습니다. 우리는 우리가 당면한 환경을 우리의 요구에 맞게 기술을 빠르게 조작해서 조정할 수 있기 때문에 환경에 적응하기 위해 진화해야 한다는 압박은 덜할 것입니다. 하지만 지금도 대륙 간 여행, 국제도시, 다른 인종 간의 결혼으로 인해 유전자의 새로운 조합이 계속되고 있습니다. 생식 가능 연령에 이르기 전에 사망하는 아이들이 있는 한 그리고 일부 인구가 다른 인구보다 더 많은 아기를 낳는 한 자연선택은 계속 작동할 것입니다.

진화에서 더 큰 변화가 곧 일어날 것입니다. 이미 우리는 관행살포(질병, 해충, 잡초를 방제할 목적으로 관례적으로 농약을 살포하는 것)에 유용하도록, 어떤 경우에는 의약품 개발 같은 새로운 용도로 사용하기 위해 작물과 심지어 동물까지 유전공학으로 만들고 있습니다. 일부 경우에 유전자조작은 정확한 작물육종과 거의 다르지 않습니다. 그러나 어두운 곳에서 빛을 내는 토끼나 물고기의 유전자를 가진 토마토를 만드는 것은 심각한 윤리적 문제를 제기합니다.

인류가 떠난 자리

인류가 전염병이나 전쟁으로 사라지면 어떤 종이 진화해서 우리의 자리를 차지할까요? 몇 백만 년 전만 해도 적당히 지적인 호미닌 몇 종이 줄지어 대기하고 있었지만, 지금은 뚜렷한 후계자가 없습니다. 공백을 가장 먼저 메우는 것은 잡초처럼 살아남는 쥐나 바퀴벌레 같은 기회주의자일 것입니다. 그러나 그 동물들이 먹어 치울 인간 문명의 쓰레기들은 곧 사라질 것입니다. 침팬지나 고릴라가 그 자리를 차지하려고 서두르는 것 같지는 않습니다. 까마귀 같은 사회적인 새 중에서 지능이 발달할 수도 있습니다. 또는 다세포동물이 원생동물을 대체했듯 개미나 흰개미 집단이 지적인 초개체로 진화할 수 있습니다.

미래의 대륙

모든 대륙은 언젠가 다시 합쳐질 것이다?

천천히, 아주 천천히 지금의 지도책은 시대에 뒤떨어져가고 있습니다. 바다는 계속해서 열리고 닫힙니다. 육지는 계속되는 대륙 간의 왈츠에서 충돌합니다. 현존하는 지도는 한두 세대 후까지는 사용할 수 있겠지만 1백 만 년 후에는 대서양이 지금보다 10킬로미터가 넓어질 것입니다. 2억 5천만 년 후에는 아예 사라질 수도 있습니다.

지구의 변화는 이미 30~40억 동안 진행되어왔습니다. 과거에 사라진 바다는 지구의 맨틀 속으로 깊이 가라앉았고, 지각판 사이에 발생했던 고대의 충돌은 지도의 산맥지대로 표시되었습니다. 그렇다면 미래를 위해 무엇을 준비해야 할까요?

미래의 바다

아프리카 지도에서 가장 두드러진 특징 중 하나는 대지구대Great Rift Valley입니다. 대지구대는 대륙 남쪽에 있는 모잠비크에서부터 대륙을 관통해서 갈라진 다음 빅토리아호와 동아프리카의 거대 호수들을 모두 에워싸고, 북쪽으로 에티오피아와 에리트

미래의 간략한 역사

현재
천천히 확장하는 대서양, 아시아와 충돌을 끝낸 인도

5,000만 년 후
대서양이 가장 넓은 상태에서 섭입 시작, 지중해산맥을 형성하면서 유럽 쪽으로 이동하는 아프리카, 밴쿠버를 지나 북쪽으로 향하는 로스앤젤레스

레아를 지나 홍해로 흘러듭니다. 거기서 끝나지 않고 사해와 요르단밸리를 지나 레바논까지 이어집니다. 이곳은 새로운 바다가 열릴 수 있는 가능성을 보여주는 지형입니다.

지구대의 상당 부분은 전형적인 대륙 열곡 형태입니다. 대륙의 갈라진 틈으로 대륙 지각판이 무너져 내려서 측면으로 올라가는 일련의 거대한 계단을 형성했습니다. 그러나 에티오피아를 통해 북쪽, 아파르함몰지로 알려진 지역으로 향하면 지형이 변하고 열곡 중앙을 따라 화산활동이 더욱 빈번해집니다. 화산 자체는 원뿔 모양의 높은 산이 아니라 묽은 현무암을 분출하는 균열입니다. 아직 육지 위에 있다는 점만 빼면 대양중앙해령과 훨씬 닮았습니다.

좀 더 북쪽으로 이동해서 에리트레아 경계의 다나킬함몰지에 이르면 지표면이 해수면보다 100미터 아래에 있습니다. 이곳은 타는 듯한 낮의 기온과 가시로 뒤덮인 덤불, 삐죽삐죽한 화산암과 무장한 부족민이 있는 사막으로, 지구상에서 가장 혹독한 장소로 묘사되어 왔습니다. 중앙에는 한 세기 동안 녹아 있는 용암호가 있는 에르타알레산이 있습니다. 지구대와 홍해, 아덴만 사이의 세 방향 교차점에 있는 용암호는 아프리카 아래에서 올라오는 맨틀 상승류의 곁가지 위에 놓여 있습니다. 맨틀 상승류는 대륙을 갈라서 새로운 바다를 만들고 있습니다. 지구대는 확장하면서 가라앉고 있습니다. 언젠가 아프리카 북동부는 바다의 확장으로 인해 나머지 대륙과 갈라설 것입니다.

1억 5천만 년 후
좁아진 대서양, 오스트레일리아·보르네오와 충돌한 남극, 영국제도를 북극으로 이동시킨 아프리카-유럽 충돌

2억 5천만 년 후
판게아울티마, 카리브해가 있었던 위치에서 남아프리카와 아프리카에 둘러싸인 아메리카, 킬레로 다가간 오스트레일리아와 남극대륙, 육지로 둘러싸인 인도양

20억 년 후
고체로 냉각된 지구의 외핵, 멈춘 자기장, 이동이 느려지다가 멈춘 지각판

사라지는 바다

고대 바다 같은 구조가 다시 나타나지는 않을 것입니다. 해양 암석권이 형성된 후 약 1억 8천만 년쯤 되자, 너무 차갑고 밀도가 높아져서 다시 맨틀로 가라앉을 수밖에 없었습니다. 지중해는 쥐라기의 거대한 테티스해 중 유일하게 남겨진 전부이지만, 그마저도 5천만 년 안에 사라질 것입니다. 가장 어린 대서양도 영원히 지속되지 않을 것입니다. 대륙은 결국 어느 한쪽의 가장자리가, 아마도 카리브해와 아메리카대륙이 만나는 서쪽 가장자리는 깊은 골짜기를 형성하면서 대륙 아래로 하강할 것입니다. 이때부터 대서양은 다시 닫히기 시작할 것입니다.

미래의 산맥

보스턴, 리우데자네이루, 뉴욕을 비롯한 동부 해안 도시들은 안데스산맥 같은 화산산맥으로 인해 들어 올려질 것입니다. 인도와 티베트의 충돌은 느려지다가 멈추게 될 것입니다. 그러나 유럽으로 향하는 아프리카대륙은 한때 지중해가 있었던 히말라야 같은 높은 산의 긴 산등성이가 생길 때까지 북쪽으로 계속 이동할 것입니다.

초대륙 형성

판구조론의 설계자인 투조 윌슨은 우리가 오늘날 보는 대륙의 분포가 판게아라고 하는 단일한 초대륙이 분열한 결과라는 사실을 깨달았습니다. 또한 초대륙이 이동의 시작이 아니라 몇 세대에 걸친 초대륙이 각각 5억 년 이상 이어진 이전 주기를 통해 형성되고 다시 분열되었다는 사실을 인식했습니다. 윌슨 주기는 아직 끝나지 않았습니다. 대륙은 다시 합쳐질 것입니다. 유일한 문제는 앞뒤가 뒤집힐 것인가, 아니면 안과 밖이 바뀔 것인가입니다.

대서양이 닫히지 않으면 태평양이 기세를 이어 지금과는 매우 다른 대륙 퍼즐조각으로 과거의 판게아에서 안과 밖이 뒤집힌 초대륙을 형성할 것입니다. 이 시나리오에서 아메리카대륙은 동아시아로 빙글 돌아 아마시아Amasia (하버드의 지질학자 폴 호프만이 아메리카와 아시아를 결합해 지은 이름)라는 초대륙을 형성합니다. 어느 쪽이든 왈츠는 끝나지 않습니다.

미래의 초대륙 아마시아

지구의 냉각

우리 행성은 판구조론과 그에 관련된 화산 폭발을 통해 내부의 열을 잃습니다. 아직 지구 내부에서는 방사성붕괴와 내핵의 느린 응고로 열이 생성되고 있습니다. 40억 년 전에는 엄청난 열기로 인해 전 세계적으로 화산 폭발이 일어나면서 맨틀이 계속해서 대류했기 때문에 안정한 판이 형성될 가능성이 거의 없었습니다. 이를 통해 판의 이동은 약 30억 년 전에 시작되었을 것으로 생각할 수 있습니다. 미래에는 행성이 식으면서 속도가 느려질 수밖에 없을 것입니다. 앞으로 20억 년 동안 지구의 핵은 고체로 냉각될 것이고 그로 인해 지구는 자기장을 잃을 것이고, 이로 인해 대륙은 이동을 멈추게 될 것입니다.

판게아울티마

미래의 초대륙 발달에 대해서는 매우 다른 두 가지 시나리오가 있습니다. 두 시나리오는 대서양이 하강을 시작하기 전까지 걸리는 시간에 따라 달라집니다. 두 경우 모두에서 대서양은 5천만 년 동안 계속해서 넓어지고 500킬로미터 이상 확장됩니다. 대서양의 서쪽 가장자리가 아메리카대륙 아래로 하강하기 시작하면 대서양은 다시 2억 년 동안 닫히기 시작하면서 초대륙을 형성할 것입니다. 콜롬비아대학교의 지질학자 크리스토퍼 스코티스Christopher Scotese는 이 초대륙을 판게아울티마Pangaea Ultima라고 했습니다.

지구의 끝

인류의 고향 지구는 결국 어떻게 될까?

탄소를 기반으로 한 섬세한 생명체가 거주하는 작은 행성에게 우주는 방대하고 불친절한 곳으로 보일 수 있습니다. 우리는 수억 년 동안 상대적으로 안정적으로 지내오면서 지적인 생명체로 진화해서 고향 행성인 지구를 연구하고 경탄할 수 있는 행운을 얻었습니다. 하지만 행운은 영원할 수 없습니다. 그리고 언젠가는 우리의 세계도 끝이 날 것입니다.

지진, 화산 폭발, 지진해일, 허리케인 등 자연재해가 매년 발생합니다. 자연재해가 국지적으로 끼치는 영향은 비극적일 수 있지만, 우리 인류나 지구를 위협하지는 않습니다. 격렬하게 지속되면서 과거에 대멸종에도 관여한 초화산의 폭발이나 범람 현무암마저도 최소한 약간의 생존자는 남겼습니다. 그러므로 세계의 종말에 대한 징후를 찾으려면 행성 너머를 살펴보아야 합니다.

행성 지구의 가능한 미래

5억 년 후	8억 년 후	9억 년 후
화성 테라포밍 시작	목성과 토성의 위성에 식민지 건설	새로운 세계를 향한 최초의 성간 방주 우주선 출발

태양 폭풍

태양 활동의 주기는 11년이며, 여러 주기를 거치는 동안 우리 대부분은 아무 탈 없이 살아왔습니다. 현재의 주기는 늦게 시작되었고 평소보다 활동성이 떨어지는 것으로 보입니다. 그렇더라도 태양은 가끔 지구로 하전입자의 폭풍을 내뿜습니다. 하전입자 폭풍은 인공위성을 망가뜨리고 전기선의 전력을 급증시킬 수 있지만, 그렇다고 세상을 끝장내지는 않습니다.

소행성 충돌

소행성 충돌은 실제로 잠재적 위협입니다. 하지만 공룡과 달리 인간은 고성능 망원경과 우주탐사기술이 있습니다. '우주방위사업'은 지구에 가까이 다가올 수 있는 큰 물체를 식별하기 위해 만든 여러 국제 연구의 집합입니다. 과학자들은 지금까지 지구에서 달까지 거리의 20배 범위 내로 다가올 수 있는 200미터보다 큰 모든 물체를 1천 개 이상 분류했습니다. 2011년 11월 8일, 그중 하나인 YU55라는 지름 400미터의 검은 물체는 예측한 대로 지구에서 324,900킬로미터 떨어진 곳에서 안전하게 통과했습니다. 위협이 될 만한 최초의 물체는 1킬로미터 크기이며 2880년에 지구를 향해 다가올 것으로 예측하고 있습니다. 이때를 대비해 소행성의 방향을 바꿀 수 있는 훌륭한 전략이 있어야 할 것입니다(2022년 10월 NASA는 첫 지구방어 실험인 소행성 다이모르포스에 우주선을 충돌시켜 궤도를 바꾸는 이중 소행성 충돌 실험Double Asteroid Redirection Test, DART에 성공했습니다―편집자 주).

10억 년 후
태양 복사열이 증가하면서 바다가 끓어오르기 시작

10억 5천만 년 후
바다가 끓어서 증발되고, 수증기로 인해 금성과 같은 온실효과 발생

35억 년 후
은하수가 안드로메다은하와 충돌하기 시작하면서 소행성 충돌 위험 증가

50억 년 후
태양이 적색거성으로 팽창, 지구는 생명 없는 잿더미로 변화

극초신성 폭발

우주의 위협

우리 태양계 너머로부터의 위협은 예측하기가 한층 더 어렵습니다. 태양은 약 2억 4천만 년에 걸쳐 은하를 한 바퀴 돌며, 이 기간 동안 은하의 나선팔을 통과합니다. 그로 인해 장주기 혜성을 뒤흔들고 폭격의 위험을 증가시킬 수 있지만, 과거의 대멸종과는 상관관계가 없는 것으로 보입니다.

또 다른 위협은 지구 근처에서 폭발하는 별에서 찾을 수 있습니다. 태양보다 훨씬 거대한 별이 핵연료를 다 소모하고 나면 붕괴하면서 초신성 폭발을 일으킵니다. 근처의 별에서 방사성 폭발이 일어나면 지구의 오존층을 손상시킬 수 있지만, 다른 피해는 거의 없을 것입니다. 좀 더 심각한 위협은 극초신성입니다. 폭발 규모가 너무 크면 한때 별이 있었던 곳에 블랙홀을 형성하고 감마선을 강하게 분출합니다. 만약 감마선이 곧바로 지구를 향한다면, 초기 폭발로 인해 감마선에 노출된 행성의 반구를 따라 극심한 방사능 피해가 발생할 수 있습니다. 지구가 계속해서 회전하면서 쇠꼬챙이에 끼운 닭처럼 방사능에 구워질 수도 있습니다. 하지만 그러한 극초신성은 우리 은하처럼 진화한 은하에서 극히 드뭅니다.

태양 팽창

지구의 생명체에게 가장 가능성이 높고 피할 수 없는 위협은 우리의 태양으로부터 옵니다. 언젠가 태양은 중심부의 핵연료를 모두 소모할 것입니다. 태양은 초신성으로 폭발하기에는 너무 작지만, 팽창하기 시작해서 적색거성red giant star을 형성할 것입니다. 부풀어 오른 백열가스 덩어리는 수성과 금성을 완전히 에워싸면서 팽창할 것입니다. 팽창 범위가 지구까지 도달하지는 않겠지만, 태양에서 흘러온 열기와 하전입자의 돌풍이 대기를 벗겨내고 바다를 마르게 할 것입니다. 다만 앞으로 40억 ~50억 년 사이에는 일어나지 않을 일이니 걱정하지 않으셔도 됩니다.

다른 세상 탐색

지난 10여 년 동안 천문학자들은 또 다른 태양계의 존재를 감지하기 시작했습니다. 2011년 말에는 거의 2천 개의 태양계를 분류했습니다. 대부분은 중앙의 별이 잡아당기고 있는 거대 행성(목성과 비슷하거나 큰)으로 밝혀졌지만, 액체 상태의 물이 존재할 가능성이 있는 거리에 지구와 비슷한 행성이 있다는 몇 가지 증거가 발견되었습니다. 일부는 이미 박테리아나 인간 문명과 같은 생명을 지탱하고 있을 것이고, 일부는 식민지로 삼기에 적합할 행성일 수도 있습니다.

우주는 방대하기 때문에 빛보다 빠른 워프항법warp drive을 개발하지 않는 한 새로운 행성에 도달하기까지 수천 년이 걸릴 수 있습니다. 식민지 개척자들을 동면상태로 운송할 수도 있습니다. 이 경우 수송 도중에 여러 세대가 탄생할 수도 있습니다. 우리의 자손들이 몸이나 기계 속에서 일종의 불멸을 유지하는 능력을 찾을 것입니다.

찾을 수 없다면 만든다

인간이 달에 기지를 세우고 화성에 착륙하는 것은 돈과 시간의 문제입니다. 결국 사람들은 식민지화 기술로 관심을 돌릴 것입니다. 잠재적으로 화성을 지구와 비슷한 환경으로 만들 수 있습니다. 온실효과를 향상시키고 표면에서 물이 액체로 존재하기에 충분할 정도로 온도를 높이기 위해서는, 화성의 극관이나 땅속 매장층에 존재할 방대한 양의 이산화탄소를 방출해야 합니다. 그리고 나서 원시 지구에서와 마찬가지로, 박테리아가 산소 대기를 생산하는 작업을 시작할 수 있습니다. 이 같은 지구화 과정을 테라포밍Terraforming이라 하며, 수백만 년이 걸릴지도 모르지만 그 후에 화성은 우리의 두 번째 고향이 될 수 있을 것입니다.

지질 연대표

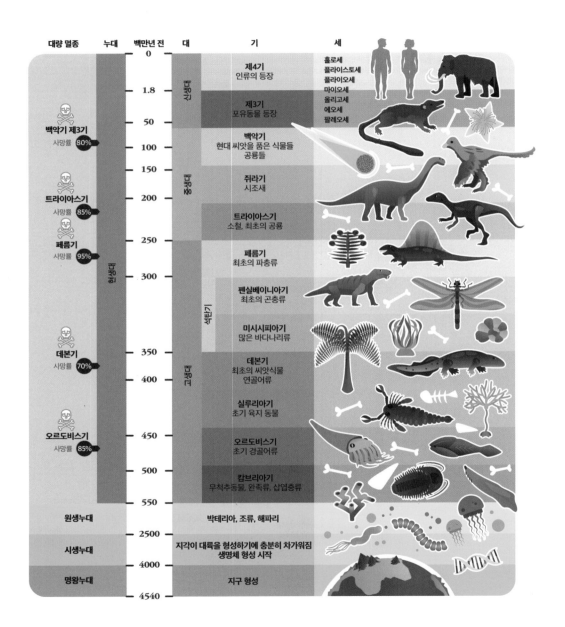

대량 멸종	누대	백만년 전	대	기	세
		0	신생대	제4기 인류의 등장	홀로세 플라이스토세 플라이오세 마이오세 올리고세 에오세 팔레오세
		1.8		제3기 포유동물 등장	
백악기 제3기 사망률 80%		50			
		100	중생대	백악기 현대 씨앗을 품은 식물들 공룡들	
		150		쥐라기 시조새	
		200			
트라이아스기 사망률 85%				트라이아스기 소철, 최초의 공룡	
페름기 사망률 95%		250	고생대	페름기 최초의 파충류	
		300		펜실베이니아기 최초의 곤충류	
			석탄기	미시시피아기 많은 바다나리류	
데본기 사망률 70%		350		데본기 최초의 씨앗식물 연골어류	
		400		실루리아기 초기 육지 동물	
오르도비스기 사망률 85%		450		오르도비스기 초기 경골어류	
		500		캄브리아기 무척추동물, 완족류, 삽엽충류	
		550			
	원생누대			박테리아, 조류, 해파리	
	시생누대	2500		지각이 대륙을 형성하기에 충분히 차가워짐 생명체 형성 시작	
	명왕누대	4000		지구 형성	
		4540			

용어 설명

- **곤드와나대륙** 고생대 말기에서 중생대까지 남반구에 있었다고 생각되는 가상적인 대륙. 그 뒤에 분리되어 현재의 아프리카, 남아메리카, 오스트레일리아, 인도반도 및 남극 대륙 따위가 되었다고 한다.

- **단층** 지각 변동으로 지층이 갈라져 어긋나는 현상. 또는 그런 지형.

- **대륙** 넓은 면적을 가지고 해양의 영향이 내륙부에까지 직접적으로 미치지 않는 육지. 일반적으로 유럽, 아시아, 아프리카, 북아메리카, 남아메리카, 오스트레일리아, 남극 등을 이른다.

- **대양중앙해령** 각 대양의 중앙 부근에 있는 해저 산맥. 지구를 둘러싸듯이 모든 대양에 연속되어 있으며, 총길이는 8만 킬로미터 이상이다.

- **동위원소** 원자 번호는 같으나 질량수가 서로 다른 원소. 양성자의 수는 같으나 중성자의 수가 다르다.

- **라니냐** 적도 부근의 동부 태평양에서 해면의 수온이 비정상적으로 낮아지는 현상. 적도 부근의 편동풍이 강해져 온난한 수역이 서쪽으로 이동하면서 심해의 찬물이 상승하여 일어난다. 이 현상은 지구의 기온을 하강시킬 수 있다.

- **로라시아대륙** 현재의 유럽과 아시아 대륙에 해당하는 고대륙. 고생대 전기에 분리되어 있던 대륙들은 데본기부터 서서히 접근하면서 페름기에는 남반구의 곤드와나 대륙과 북반구의 로라시아 대륙이 충돌하여 거대한 초대륙인 판게아를 형성하였다. 판게아 대륙은 중생대 초기 이후 다시 분리되어 현재와 같은 모습을 갖추게 된다.

- **마그마** 땅속 깊은 곳에서 암석이 지열地熱로 녹아 반액체로 된 물질. 이것이 식어서 굳어져 생긴 것이 화성암이고, 지상地上으로 분출하여 형성된 것이 화산이다.

- **맨틀** 지구 내부의 핵과 지각 사이에 있는 부분. 지구 부피의 83퍼센트, 질량으로는 68퍼센트를 차지한다.

- **맨틀 상승류** 천천히 지구의 맨틀을 통해 올라오는 저밀도의 뜨거운 암석 기둥. 맨틀 상승류는 핵과 맨틀 경계까지 도달할 수 있고 지구 내부로부터 열이 대류하는 주요 경로를 나타낸다. 맨틀 상승류 꼭대기는 종종 화산활동이 일어난다.

- **모호로비치치 불연속면(모호면)** 지각과 맨틀과의 경계가 되는 불연속면. 지하 5~70킬로미터의 깊

이에 있으며, 이 면 아래에서 지진파 속도와 밀도가 급증한다.

- **변성암** 수성암 또는 화성암이 땅 밑 깊은 곳에서 온도, 압력 따위의 영향이나 화학적 작용을 받아 변질하여 이루어진 암석.

- **부정합** 새로운 지층이 낡은 지층 위에 겹치는 현상. 두 지층의 형성 시기 사이에 커다란 시간 간격이 있을 때 나타나는 것으로 지각의 일부가 융기하여 그 이전에 형성된 암석의 일부가 침식되고, 이것이 다시 침강한 후 새로운 지층이 퇴적함으로써 발생한다.

- **섭입** 지구의 표층을 이루는 판이 서로 충돌하여 한쪽이 다른 쪽의 밑으로 들어가는 현상. 밑으로 들어가는 판의 위쪽 면을 따라 지진 활동이 활발하게 일어난다.

- **습곡** 지층이 물결 모양으로 주름이 지는 현상. 지각에 작용하는 횡압력으로 생기며 대체로 퇴적암에서 많이 나타난다.

- **암석권** 지구에서 주로 암석으로 된, 지각과 맨틀 상부. 지구의 가장 바깥층으로서 단단하다. 두께는 바다에서 약 70킬로미터, 대륙에서 약 150킬로미터이다.

- **엘니뇨** 해양학·기후학에서 남아메리카 서해안을 따라 흐르는 페루 해류 속에 몇 년에 한 번 이상 난류가 흘러드는 현상. 에콰도르에서 칠레에 이르는 지역의 농업과 어업에 피해를 주고, 태평양의 적도 지방과 때로는 아시아 및 북아메리카에도 광범위한 기상 이상 현상을 일으킨다.

- **연약권** 지구 표면에서 지하로 약 100~250킬로미터에 걸쳐 있는 층. 암석권 바로 아래에 위치하며, 맨틀 물질이 부분적으로 융해되어 있어 소성체塑性體의 성질을 가지는 영역이다.

- **온실효과** 대기 중의 수증기, 이산화탄소, 오존 따위가 지표에서 우주 공간으로 향하는 적외선 복사를 대부분 흡수하여 지표의 온도를 비교적 높게 유지하는 작용. 빛은 받아들이고 열은 내보내지 않는 온실과 같은 작용을 한다는 데서 유래한 말이다.

- **용암** 화산의 분화구에서 분출된 마그마. 또는 그것이 냉각·응고된 암석.

- **지각** 지구의 바깥쪽을 차지하는 부분. 대륙 지역에서는 평균 35킬로미터, 대양 지역에서는 5~10킬로미터의 두께다.

- **지진** 오랫동안 누적된 변형 에너지가 갑자기 방출되면서 지각이 흔들리는 일. 지학地學에서는 지구 내부의 한 곳에서 급격한 움직임이 일어나 그곳에서 지진파가 시작되어 지표地表까지 전하여지는 일을 이른다.

- **지진파** 지진이나 인공적 폭발 때문에 생기는 탄성파. 진원지에서 퍼지는 것으로 피파(P파)와 에스파(S파)가 있으며, 진앙에서 지표를 따라 전하여지는 표면파가 있는데 각각 전파 속도가 다르다.

- **지진해일** 지진 때문에 해저海底에 지각 변동이 생겨서 일어나는 해일. 해안 근처의 얕은 곳에서 파

고파高가 급격히 높아지고 특히 좁은 만灣의 깊숙한 곳에 큰 피해를 준다.

- **진앙** 지진의 진원震源 바로 위에 있는 지점.

- **침식** 비, 하천, 빙하, 바람 따위의 자연 현상이 지표를 깎는 일.

- **퇴적암** 퇴적 작용으로 생긴 암석. 기계적 퇴적 작용으로 생긴 사암·역암 따위의 쇄설암, 화학적 퇴적 작용으로 생긴 처트와 암염 따위의 화학적 침전암, 유기적 또는 생화학적 퇴적 작용으로 생긴 석회암, 석탄을 포함하는 유기적 퇴적암으로 나눈다.

- **판구조론** 지구의 겉 부분은 여러 개의 판으로 이루어지며, 이들의 상대적 움직임에 의하여 여러 가지 지질 현상이 일어난다고 여기는 학설.

- **판게아** 대륙 이동설에서 현재의 대륙들이 하나의 커다란 대륙을 이루고 있을 때의 이름. 독일의 지구 물리학자 베게너가 붙인 이름이다.

- **해저확장설** 태평양 따위의 대양저大洋底가 대륙 쪽으로 이동함으로써 바다 밑이 확장되고 있다는 가설. 해령海嶺에서 새로운 지각 물질이 계속 생겨나서 수평으로 확장되고 있다고 보는 것이다.

- **현무암** 염기성 사장석과 휘석, 감람석을 주성분으로 하는 화산암의 하나. 검은색이나 검은 회색을 띠고 기둥 모양인 것이 많으며, 입자가 미세하고 치밀하여 바탕이 단단하다. 건축 재료로 쓴다.

- **화강암** 석영, 운모, 정장석, 사장석 따위를 주성분으로 하는 심성암深成巖. 완정질完晶質의 조직을 이루며, 흰색 또는 엷은 회색을 띤다. 닦으면 광택이 나는데, 단단하고 아름다워서 건축이나 토목용 재료, 비석 재료 따위에 쓴다. 함유된 운모의 종류에 따라 흑운모 화강암, 백운모 화강암 따위로 불린다.

- **화산작용** 땅속 깊은 곳에 있는 마그마가 지표 또는 지표 가까이에서 일으키는 여러 가지 작용. 화성 활동의 하나로, 분화噴火, 분기噴氣, 분출물의 유출과 퇴적, 화산체의 형성, 화산성 지진의 발생, 지각의 변동 따위가 있다.

- **화석** 지질시대에 생존한 동식물의 유해와 활동 흔적 따위가 퇴적물 중에 매몰된 채로 또는 지상에 그대로 보존되어 남아 있는 것을 통틀어 이르는 말. 생물의 진화, 그 시대의 지표 상태를 아는 데에 큰 도움이 된다.

- **화석연료** 지질 시대에 생물이 땅속에 묻히어 화석같이 굳어져 오늘날 연료로 이용하는 물질. 석탄 따위가 이에 속한다.

- **화성암** 마그마가 냉각·응고되어 이루어진 암석을 통틀어 이르는 말. 주로 석영·장석·운모·휘석·각섬석 따위로 조성되는데, 흔히 층을 이루지 않고 덩어리 모양을 이룬다. 땅 표면 가까이에서 굳은 것은 화산암, 땅속 깊은 곳에서 굳은 것은 심성암, 이 둘의 중간 지점에서 굳은 것은 반심성암이라고 한다.

1일 1단어 1분으로 끝내는 지구공부

초판 1쇄 인쇄 2022년 11월 25일
초판 1쇄 발행 2022년 12월 7일

지은이 마틴 레드펀 **옮긴이** 이진선
펴낸이 김종길 **펴낸 곳** 글담출판사 **브랜드** 글담출판

기획편집 이은지 · 이경숙 · 김보라 · 김윤아 **영업** 성홍진
디자인 손소정 **마케팅** 김민지 **관리** 김예솔

출판등록 1998년 12월 30일 제2013-000314호
주소 (04029) 서울시 마포구 월드컵로8길 41 (서교동 483-9)
전화 (02) 998-7030 **팩스** (02) 998-7924
블로그 blog.naver.com/geuldam4u **이메일** geuldam4u@naver.com

ISBN 979-11-91309-30-0 (44080)
　　　979-11-91309-15-7 (세트)

만든 사람들 ————————————
책임편집 김보라 **디자인** 손소정 **교정교열** 상상버리

글담출판에서는 참신한 발상, 따뜻한 시선을 가진 원고를 기다리고 있습니다.
원고는 글담출판 블로그와 이메일을 이용해 보내주세요. 여러분의 소중한 경험과 지식을 나누세요.